あなたにもできる！ サラリーマン大家入門

王道アパート経営で「マイ年金」づくり

大長伸吉

カナリア書房

あなたにもできる！　サラリーマン大家入門

王道アパート経営で「マイ年金」づくり

CONTENTS　目次

第5章　サラリーマン大家の成功法則　〜実践編〜

第6章　サラリーマン大家　実例&体験談

第7章　サラリーマン大家になるために、今日からすべきこと・考えるべきこと……187

はじめに

私は不動産投資について何も知らないところからはじめ、現在は4棟21室の「サラリーマン大家」になることができました。この本では私がどのようにして不動産投資をはじめたのか、資産の増やし方、満室経営の工夫などをお話していきたいと思います。

また、不動産投資で普通のサラリーマンでもやれること、実際私が出来たこと、土地購入時や建築時に体験したこと、その工夫やコツ、その時感じたことも述べていきます。

本書を皆さんに気軽に読んでいただき、何らかの形で参考にしてもらえれば幸いです。

今こそ、動き出すとき

会社が危ない、倒産危機……。長く続く不況の影響もあり、こうした話には事欠かない現状。新聞・ニュースを見れば一目瞭然です。一部上場会社でも、倒産した事例は数え切れません。もはや「会社は倒産しない」と言い切れる人などいないでしょう。会社経営が安定しているると信じられたのは戦後の安定期からでしょう。もともと会社というものは、無（ゼロ）から始まったもの。なくならない保証などありません。従業員の立場では、倒産間近となっても極秘情報は入手できず、倒産してから知らされるのが関の山です。

私も倒産までには至りませんでしたが、写真フィルムメーカーのコニカ（株）に勤めていたとき、老舗であった本業のフィルム事業からの撤退を目の当たりにしました。何千人の本社従業員・関連会社従業員が会社を辞め、また業務を変更しました。会社が大きいほど一個人が会社を左右することは難しく、それができるスーパーサラリーマンもごくわずか。社長すらプロの経営者というより「サラリーマン社長」が大多数。これではいけません。会社組織がダメなのではなく、そのような日本の会社で、何の武器も持たずに働き続けるしかない現状に甘んじている従業員の日常が危険なのです。皆さんも、きっと何とかしたいと考えているに違いありません。

実は、考え方を変えるだけで全く違う人生をおくれるようになるのです。

それにはまず「出来る」と思うこと。サラリーマンだから何もできない、ではなく、サラリーマンだからこそ東京の土地を取得して競合に勝てる、差別化ポイントのある新築デザイナーズアパートを取得できると考え方を変えてください。そう考えると、すべきことが見えてきます。

そしてサラリーマンの皆さんが持っている「利点」を知ることになるでしょう。特に、私が取得をした4棟目などは、多くの銀行から融資を断られましたが、ある銀行は10年勤続のサラリーマンであることを拡大解釈して融資を承諾してくれました。皆さんが実感していないが確かにある、皆さんの「能力」を知ってください。

銀行は不思議な考え方をするように感じます。例えば、個人事業主は住宅ローンを組みにくいこと。仮に利益を出していても、立ち上げて2年では融資がほぼ組めないのです。それに対し、赤字の会社でも勤続3年以上のサラリーマンには融資が出ます。

さらに、利益を大きく出している個人事業主であっても、サラリーマンよりも多額の自己資金（頭金）を入れなければならないのです。ここからわかることは、個人事業主の所得よりも、給与所得を上に見ているということ。いえ、完全に差別化しているということです。

しかし、世の中ではどうでしょう。

いくつもの会社が潰れていて、給与の減額事例も多数。会社が倒産間近だったり、不安定になって悪いニュースが出始めたりした会社は、他の会社との取引がしづらくなります。銀行だって、倒産した会社の従業員には、以前のように好条件で融資することはなかなかありません。だからこそ、今自分の勤めている会社が安定しているうちに行動を起こすべきです。そして、行動の前には勉強が必要なので、できるだけ早くアパート経営に向けた情報収集を始めてもらいたいものです。

これからは本業と副業を持つ時代

「これからは本業と副業を持つ時代」ですが、ここで特に注意が必要なことは、副業に時間を割いてはいけないということです。あくまでも本業は本業。本業があってこそ、副業が生きます。ですから、本業に迷惑がかかる、体が疲れる、時間がなくなるようではだめです。副業としては、時間が取られず体力も要らないアパート経営が最適だと言えます。ただし、アパート経営にもリスクがあります。全てが１００％ではないので注意してください。

そしてどうせ取り組むのでしたら、アパート経営のなかのアパート経営、ベストな方法を行うべきです。

それが、失敗をしない、

『東京のクズ土地での１棟４室木造アパート経営術』です。

駅から徒歩10分以内。快適であり、差別化のある空間。いかがでしょうか。検討する価値がありそうではないですか。このことについては、本書で詳しくふれていきますが、ひとまず、アパート経営の利点に戻ります。

一般の事業において、コストがかかるものは「日々の仕入れ」です。物を作る工場、物を売る商売などで欠かせないことですね。アパートにおいても、仕入れに近いことが2つあります。

まずは「アパートそのものの取得」。

ただし、これは数十年間で一度のみ（ただし、この作業は他の事業と比較にならないほど大事）。日々、行うわけではありません。しかも、本人が一人で行うわけではなく、専門の不動産仲介業者さん、建築業者さんが担当します。本人がやることは、選択、決断と契約です。

続いては「入居者探し」。

こちらも、1つの部屋につき毎年発生するケースはまれと言えます。

例えば私の場合、一年間で1棟6室中、1室も解約がないことは珍しくありません。10年間のアパート運営では入居して1年で解約されたことは1度だけです。

入居者探しにおいても「日々の」作業ではなく、主に不動産仲介業者さんが対応をしてくれ、私の作業は、入居者本人の内容確認と承諾、そして契約のみです。

以上は、アパート賃貸業経営が、順調に進んでいる上での時間のやり取りです。これが順調ではないと、自分の時間がとられてしまいます。

ですから、あらかじめ悪いケースの原因を把握し、その時、どう対応すべきかを考え、そして、そうならないよう徹底的に事前準備をしておくことが大事です。準備ができた上で、アパート（所有物件）が1棟4室のみでしたら、時間が取られることはほとんどありません。

いつまでも健康でいられるか？

私は数年前に喘息の発作を起こし、救急車を呼びました。その際救急隊員が到着した瞬間、気を失いチアノーゼ状態（皮膚や粘膜が青紫色の状態）で集中治療室に入りました。健康な体がある日突然、不自由なものとなってしまうのです。この経験は忘れられません。暗い話になってしまいましたが、この「暗さ」は当時の最大の不安であり、私の日の前にある現実だったのです。健康が悪化した場合の備えとしては、すでに住宅ローンを組んでいる人はご存じのことと思いますが、団体信用生命保険があり、それはアパートを取得するときでも同様に使えます。

これは、万が一所有者が死亡または規定の高度障害状態に該当したとき、その保険金で借入債務が弁済されるというもの。債務がなくなることが特徴です。

もし、安定して家賃収入があるアパートを所有していたら、残された家族の収入も確保されます。ここでポイントとなるのは、そのアパートが安定収入を確保できるものなのか、そうではなく苦労して維持しなければならないアパートなのかということ。この点については本書でもしっかりとご説明します。

私は当時、会社（仕事）のこと、健康のことなどの心配を、避けることができませんでした。たいていの人は、別のことで気を紛らわせ、忘れてしまい、無難に日々を過ごすこともできるのかもしれませんが……。

逆に言えば、この不安がなければ、わざわざ世の中で言われているリスクを負ってまで不動産投資（アパート経営）に踏み切ることはできなかったでしょう。この点が私にとっての人生の分岐点、決断点だったのです。

本書をお読みの皆さんも、それぞれの悩みはあるかと思います。

何を起こすにもきっかけは人それぞれ違いますが、目の前にある事実を避けて通ることはよくないと思います。もしかすると、次のアクション、対策を起こす時間を無駄にしているかもしれません。今は回避できても、いずれは大きな問題として避けられなくなるかもしれませんから。

その不安を解消するための情報をつかみさえすれば、すでに解決へ一歩前進できたと言えるでしょうし、情報を見ていくと自分にとって必要で、大事なものは何かが見えてきます。

決して、生活や資産を一気に大きく変化させる必要はありません。これから少しずつ行動に移し、変化させれば、いずれ目的が達成できるはずです。

そして、これらの不安を解決する方法は確かにあるのです。

私自身がそれを実践した結果、不安は解消されました。

本書で、その方法をお伝えします。

第1章

不況・サバイバル時代で
生き残る、
サラリーマンの危機感

不況・サバイバル時代で生き残る

サラリーマン（会社員）は安定した職業といわれていました。しかし、昨今の不況のなか、漠然とした不安を抱える人が増えています。このサバイバル時代、将来の生活に対して不安であるのは当然のことですが、それに対して準備がないこと、対策が不十分であることが問題です。悩むことは良いことですが、ただ時間が過ぎ、年を重ねてしまうのでは取り返しがつかなくなってしまいます。このまま国の施策に期待してよいのですか？　人に任せるのではなく、自分で勉強し、知り、選択・判断し、解決策を見つけ出すことが大事です。

国民皆年金・国民皆保険はいつまでも続かない？

日々テレビや新聞でも報道されていますが、年金問題は、皆さんも気になりますよね。

そもそも日本で「国民皆年金」＆「国民皆保険」が実現したのは、１９６１年のこと。全国民共通の年金制度として公的年金における基礎年金制度（国民年金制度）ができました。これは俗に、２階建て年金制度の「１階部分」といわれます（２階部分は「厚生年金」などです）。また、日本の医療保険制度は、すべての国民が、国民健康保険をはじめとする公的医療保険制度に加入し、いつでも必要な医療サービスを受けることができます。

こんなにしっかりと、きっちりとした日本の国の制度があるのに、どうして私たちは老後の生活に不安を感じるのでしょう？　それは「年金の財源」に対して、長期的な裏付けが示されていないことが最も大きな原因です。政治家も、現状ではそれを示すことができていません。

人口が減少しないものとして計算されていたので修正が必要だし、人口減少を止める政策が出来ていないことも問題です。現在は変化の時代、安定した時代がいつまでも続くと思っていることが間違いです。年金も１９６１年に施行され、まだ50年しかたっていません。それ以前の人は、年金をあてにしていませんでした。法律で定められた徴収のため、その運用と方針を誤った政府の大罪は許せませんが、政府を信じきってしまい、今後もあてにするばかりでは、何も変わりません。そこで、今こそ変化を起こさなければなりません。これまでの政治家、政府、役人に問題があるのは皆さん百も承知でしょうが、文句を言っていてもおそらく現状は変わりません。まずはあなた自身が行動を起こすことです。それが、数年後に成果となって現れることでしょう。

「年金問題」で無駄に暗くなるのはもうやめましょう！

　年金問題のニュースを見るたびに暗い気持ちになりますが、気にしすぎてはいけません。日本はまだまだ元気です。身近に、笑顔がたくさんありますから。訳のわからない、『年金問題』に自分の気持ちを左右されること自体がもったいない。年金は単なるツール、システムです。もう一度考え直してください。本当のゴールは、「将来、安心して生活をすること」、「幸せに暮らすこと」。それが誰もの願いではないでしょうか。別に年金制度が崩壊したところで、あなたの生活が幸せに、安心できるものであればいいのです。

　もともと、年金など日本にはありませんでしたし、中国では最近出来ましたが、大半の人は恩恵を得られていません。まして東南アジア、インドの人々は「年金」の言葉を説明しても理解できないほどでした（私がサラリーマン時代、現地スタッフと働いていたときの話です）。

　いまこそ自分で年金対策をするときです。成長著しいベトナムでは年金制度には殆どの人が未加入です。それでも生きていけるのです。この違いはどこから来るのでしょうか。人々の生活力、生き延びる事への意識の差と言っても過言ではないでしょう。いまこそ自分で年金対策をするときです。一昔前の日本も決して安泰ではありませんでした。高度成長期前の日本のように「生き延びる気持ち」さえあればまだやれることはたくさんあります。

私はアパート経営が一番よい方法だと考えているのですが、どんな手法をとろうが、まず『自分で年金に代わる新たな準備をしよう』と考えることが、とても大事。必ず皆さんなりの解決策が見つかります。

自分の身は自分で守る。年金を頼りにするのではなく、年金がなくても苦しまず、もらえたならばボーナスと考えられるとよいでしょう。そうすると、日々ニュースを見てもイライラしなくなります。

日本には将来がない？

現在の日本の平均的な生活レベルは、世界的に見てもかなり豊かです。しかし、その日本自体の将来はどうでしょう。

1）日本はこのままで安泰、何も問題はない。
2）日本はこのまま失墜し、破滅に向かう。
3）日本での将来の生活が安泰ではない、でも日本が潰れるわけではない。その中でなんとか改善する方法がある。

この中では3番目の説が一番しっくりくるのは、私だけではないと思います。

現に今の日本を見ても、豊かに生活している人を見ることができますし、今質素に暮らしていても資産に余力がありそうな人はたくさんいます。

もっとも、上流階級を目指しても良いですが、そこまで「安泰」とはいかなくとも、日本人の平均より少し上の生活あたりでも十分快適ではないかと思います。あと50年以内に日本が終わりますか？　終わるわけがありませんし、終わらせてはいけないのです。

平均給与＋アルファーがあれば、老後の生活不安は消えていく

さて、本書でお伝えするのはある意味「副業」のことなのですが、ここで大切なのが、現在の仕事を続けること。給与所得は、大抵1か所からしか得られず、貴重なものです。

これに加えてもうひとつの収入源、私の場合はアパート経営ですが、それがあること。追加で行う事業は何でもいいのですが、これが年金対策となるわけです。

日本の多くの人は給与所得のみ。これを基準に政府が動いているのですから、この基準・平均値よりも少し上の収入が確保できればよいのです。日本は世界でも有数の生活しやすい国ですから、生活は給与所得でまかない、将来へ向けての資産形成はアパート経営で出るプラス収益をあてればよいのです。

収益を上げるだけではなく同時にローンも減額していき、最終的にローンのなくなった土地を持ったときには、晴れてあなたも地主さんです。自宅ではない、もう一つの土地を持っている人は、世間でも少ないものです。

「マイ年金」はいくらあれば、幸せになれるの？

お金がない人は「お金はあるだけあったほうがいい」と思うもの。

しかし、実際そうでしょうか。お金をたくさん持っている人は、おのずと買うものも高価になり、さらにお金が必要だと思ってしまうもの。お金そのものを追い求めても、実は不安感は何も解決しません。大切なのは「自分が快適に生活できるレベル」を確認することです。それがわかっていなければ、お金はいくらあっても足りません。

さて、年金は65歳から給付されるのですが、年金額が問題でしょうか？　現在の給付額よりも、20、30年後は減少することは確定的です。

ここで、現在の「70歳以上の世帯主の貯蓄保有額」を知ることができる良い情報がありましたので、今後の基準として、金融広報中央委員会が発表している「家計の金融資産に関する世論調査」（金融広報中央委員会発表）の結果を書きとめておきます（調査年代ごとの推移も見られます）。

この貯蓄額で十分と言えるでしょうか？

日本人の大多数で問題となっていない様子を見ると、最低限この平均貯蓄額があれば、生活上、大きな問題は起こりにくいものと推定します。しかし、これは現時点での年金額がもらえることが前提となっています。私たち30代～40代が、65歳になる35年～25年後までに、国の年金計画が安定していれば良いけれど、今は、そう安心していられる状態ではなく、何とかしたいもの。たとえば定年を60歳として、平均寿命相当の、『80歳』まで生きた場合、20年間どのように生活するか？　やや少なく見ても、年金を入れずに年間３００万円でしたら生活に不安はありません。

1985年	931万円
1990年	1669万円
1995年	1687万円
2000年	1943万円
2001年	1787万円
2002年	1865万円
2003年	2066万円

※70歳以上世帯主の貯蓄保有額推移

３００万円　×　20年　＝　６０００万円！

これだけの貯金があれば、利息を考えずに、60歳から徐々に使っていけば、ちょうど80歳まで使うことができます。とはいうもののこれだけの貯蓄はそうそうできるものではありません。本書では自分で作る年金を「マイ年金」として、プラス月25万円あれば、心配なく老後を迎えられるはず、との試算をベースに何ができるかを考えていきたいと思います。

次のページに、60歳以降の資金計画を具体的に検討したコラムを掲載します。あなた自身の生活プランを想像しながら、読んでみてください。

新築であれば、中古よりも長く「マイ年金」が支給できる！

あなたの自宅の周りを見回してください。築25年、30年を経過したアパートで生活している人がいます。これらのアパートには当然、オーナーがいます。この人たちが中古アパートとして物件を購入したのでなければ、この建物と土地のローンはほぼ完済しています。古いアパートでも６万円の家賃設定もあります。４室で24万円。定年後、毎月これほどの家賃が入ってきたらどうでしょう。今言われている年金が満額受領できたとしても25万円ほどですから、ほぼ同額です。

これが皆さんの身近にある年金対策です。しかし、現在築25年以上のアパートは脆く、安普請の塊です。かわりに、今から30年、40年経った後でも高い価値を持つ、魅力あるアパートを新築する方法があります。その方法であれば、４室で25～30万円以上の家賃が見込めます。私はサラリーマン向けに、そのような新築アパートを建てる「アパート経営」のサポートをして

～60歳以降の生活資金を具体的に想定します～

月25万円使えると、標準的な生活レベルを維持できると一般的に言われています。月25万円を年間12か月でみると300万円。最近は年収300万円時代と言われ、若い人はこの収入で家賃を払い暮らしていけています。年をとったら若い人ほどの食欲はないし、レジャー費もさほどでなくても良い、と思えます（このあたりは感覚的なものですがさほど外れてはいないでしょう）。

さらに自宅のローンも完済しているのならば住宅費用もほとんどかからないので月25万円生活費説は間違っていないようです。また月25万円を日割りすると、1日約9000円。学生時代のアルバイトを思い出すと、相当の額です。

ここで心配なのは年をとったときの病気やけがですが、そのためには働いているときから疾病・障害保険に入っておくこと。これらができていれば、ある程度の年齢からの月25万円生活は十分快適なものと言えるでしょう。食事は体が欲する程度で良いし、住まいも確保できていて、病気やけがのときの治療も心配ないというような状況が確保できているならば、年金問題は目の前の大きな問題ではなくなるのではないかと思います。

今の年金政策では現在の若手、または40代でも月25万円の年金保証はまず得られないことですが、60代のご夫婦にとっては月25万円程の副収入があれば十分やっていける状況もつくれるはず。それが4室の新築アパートを取得して25年後に25万円の家賃収入を得ることなのです。

新築アパート経営には秘められた？副収入パワーが眠っていると言えます。

それが月35万円だったら尚良いのでしょうけれど、やっぱり月25万円でも将来の生活像を描くことができるのではないかと思います。

います。

なぜサラリーマンとの兼業がおすすめなの？

先ほど私は「本業を辞めないでください」とお伝えしました。なぜでしょうか。そもそも考えていただきたいのですが、仮にアパート経営にあなたが取り組むとして、アパートを何棟も持ち、今の仕事を早期退職することが最大の幸せといえるのでしょうか。もしくは、サラリーマン、公務員でいるだけで充分に「安定」しているから、自営業となるべきではない、とお考えでしょうか。

・サラリーマン、公務員は安定している
・自営業は不安定だが悠々自適、自分で何をするか決められる

皆さんもご承知の通り、このどちらも間違っています。サラリーマンはもはや安定した職業とは言えませんし、自営業は「自己決断、自己責任、不安定」の世界。ですから自営の人ほど、安定した家賃収入を持つことを期待します。そう、サラリーマンも自営業者も「安定のた

めの副業」を持つ時代なのです。特に私の推奨するアパート経営を実践されたサラリーマン大家さんは、家賃収入＋会社の保証があり、両方の良い面を活用できることがメリット。コニカを辞めてしまった私は特にそれを感じます。今思えば、あの会社は良かった、両方を続けていれば良かったと感じます。良質のアパートの大家業は決して忙しいことはなく、本業と両立できます。いや、両立などと言わず、アパートを持っていることを忘れてしまうほど、本業に迷惑をかけません。

人に頭を下げることは、ストレスになりますか？

人に頭を下げる。これは商売の基本です。サラリーマンの方ほど「当然だ」と頷けるのではないでしょうか。しかし、サラリーマンの世界から一歩出てみると、協調性がない人が多いと強く感じます。これは逆に言えば個性なのかもしれませんし、事業主として修羅場を乗り越えるために必要なことかもしれませんが、長い目で見れば協調性がないことはマイナスにしかなりません。サラリーマンは協調性とビジネススキルがあるので、「大家さん」の世界にくると周りの業者、関係者は気持ち良く仕事をしてくれます。一例を挙げれば、メールが的確に使いこなせることもサラリーマン大家のメリット。加えて言えばほぼ毎日メールを確認することも大切な要素です。大家さんが発する言葉でよくあるのが「メールに気がつきませんでした」とか、さらには「しばらくメールを見ていませんでした」。会社で働いている人ならば、そんないい加減な回答が通用する訳がないと簡単に分かります。しかし、大家さんには「それはおかしい」と指摘してくれる人はいません。大家がお殿様になっている世界なのです。

もっと言うとサラリーマンでしたらメールや連絡をもらったら、「了解しました」や「ありがとうございます」などと受領の返信メールを出すことも当然ですよね。ですが、メールを使えない大家さんは返信を出すこともできないし、自分が受け取ればそれで良し。相手が「届いていないかも」と心配をしていても気がつかず、ましてや周囲の仕事仲間が円満に動くことができる大切な言葉「ありがとうございます」を言うこともできないため、ますます関係者とのコミュニケーションがギスギスしてしまうのです。実はこれが、アパート経営が失敗する大きな理由なのです。それ以上に悪いのは、全く気を使わない人。皆さんも、決してイバリンボ地主やわがまま大家さんにはならないように注意してください。

住宅ローンは安全？

どうやってサラリーマン大家になるか、という話の前に、もっと身近な「住宅ローン」のお話をしましょう。そもそも住宅ローンって、安全なのでしょうか。今、自宅を購入するのは「正解」なのでしょうか。

住宅（自宅）は一生に一度だけの買い物、とか一生で一番高い買い物、などと言われます。ですが、住宅ローンの実情は惨憺たるもの。実は、自己破産の原因としても住宅ローンはかなりの部分を占めているのです。なぜでしょうか。それは住宅ローンが、毎月の給料やボーナスから支払う仕組みになっているからです。給与は会社が倒産すればなくなります。自分自身に非がなくても、会社が潰れてしまったり、リストラされたりするとそれだけで返済がピンチに陥ってしまいます。一方、家賃収入からローンを支払うアパート経営なら、本業で何かがあっても問題は少なく、住宅ローンよりも返済が滞る率が少ないと言われています。

さらに言えば、今自宅を購入すること自体は間違ったことではありませんが、10年後に貸せない、または貸せたとしても住宅ローンの支払い額を下回る家賃となるようではいけません。

大手ハウスメーカーの戦略への疑問

私は、大手ハウスメーカーの戦略に疑問を持っています。もっとも、その疑問が解消されないからこそ私たちのような大家にビジネスチャンスがあるわけですが。

それは何でしょうか。先ほども少し書きましたが「戸建ては一生に一度の買い物」。だからこそ慎重に選んだほうが良いと言われます。ですが、大手ハウスメーカーや大手不動産業者が東京都内で駅から徒歩15分、20分の所にある戸建てを「こんなに良い」と表現して販売していることに違和感を覚えます。

彼らは本当に良い土地だと思って売りに出しているのでしょうか？　おそらくそれは大会社の方針でしょう。売上を出すためにはより多くの土地・建物（質が悪いものも含めて）を売らなければならないのも現実。その方針に一般の消費者が無防備に巻き込まれるのは凄くかわいそうです。

そもそも東京では自動車通勤をしている人よりも電車通勤が圧倒的に多く、駅からの距離が近いほどより便利な立地と考えられます。車通勤でもないので、毎日駅まで20分歩く。歩くことは健康にも良いので、購入した本人が良ければそれで良いのでしょうが、住まいは家族構成と共に変化するものなのです。そして、本人たちだけが使うものでもありません。

結婚したばかりでまだ子供がいなく、夫婦２人でいるうちはそれほど広い住まいでなくてもいいでしょうし、共働きならば都心に近いところが便利に感じます。ですが、子供ができると少し広い部屋と部屋数が必要になります。さらに子供が増えるともっと広い部屋が必要になるのです。

そして子供が大きくなり独立すると、子供の部屋が余ります。子どもが結婚すると、また夫婦2人暮らしに戻ります。そのころは家を購入した夫婦もお年を召して、広い部屋では掃除も大変になり、大きな家を持っている事が重荷になることもありますよね。その時点で、家は築30年くらいとなりますが、それでも貸すことができるような物件であれば、定年後の副収入になります。

不動産投資やアパート経営に興味がなくても、自宅を有効活用して貸すことができた人は30年後に月10～15万円程度の収入を作ることができるのです。副収入があると、年をとった人に優しい住まいや買い物に便利な駅前のマンション、すぐれた有料介護施設への入居費の負担を感じることなく引っ越すこともできます。

大手ハウスメーカーのやらないことをやる

大企業は一般的に安心感がありますが、小回りが効かないことも事実。大企業はお客様ごと個別に対応するのではなく、どんな人にも使ってもらえるような万人受けする商品やサービスを選択するものです。

しかし、多くの人を対象とした商売は、いまから参入しても大きな成果・利益が出ないもの。大成功するためには多くの人がやらないことをしなければなりません。そのために個人個人の能力をあげることが効果的ですし、大手ハウスメーカーが競合にならない分野を選ぶことが長く安定して成功する秘訣です。

その対策としては、1室当たりの床面積が広い1棟4室のアパートで十分です。業者がよく勧める1K・20平方メートルの6室タイプより、1部屋当たりの広さは1・5倍。他の競合との差別化は計りしれません。1室30平方メートル以上の広い部屋はまだまだ少ないですし、設備の数も3分の2に減ります。つまりその後30年～60年間の修繕コストも設備面では3分の2に抑えられるわけです。同じ規模の建物の建築コストもこちらのほうが安く、より安定したアパート経営ができます。

空室は埋まらない？

アパート経営というと「空室」との戦い、とも言われます。「私は素人だから空室を効率よく埋めるなんてできないよ」と思われるかもしれませんが、そう難しいことではありません。

事実、空室が埋まっている賃貸物件はたくさんあります。同様の方法を用いればいいだけです。

アパート投資は失敗しやすいもの、という先入観をお持ちの方がいるかもしれませんが、失敗には原因があり、同様に成功にも理由があるので、はじめから失敗の道に進まなければ良いだけなのです。決して失敗しやすいわけではありません。

ひとつ大きなポイントは「アパート投資」だと考えないこと。アパート投資ではなく「アパート経営」です。お金を出して「ハイおしまい」ではなく、自分の手足を動かす小規模経営と考えてください。株式投資やＦＸとは根本的に違います。

土地選びや土地の価格交渉、土地売買を工夫し、銀行から何千万円もの融資を得ることもでき、新築では建物設計での工夫ができ、構造・仕様・間取・設備・カラーを決めることもできます。入居者・お客さんの募集や、アパートの管理でも工夫ができます。また、税務や、収支計画でも工夫ができます。これは投資ではありません。経営です。工夫次第で他の同業者との差別化につながりますし、手を抜かなければ失敗する確率は極めて低くなるのです。またこの工夫は本人の知恵を活用するだけで時間を使わずに行うこともできますし、良い知恵がなくても確実に手足を動かし続けることで成果を出せます。アパートは架空の存在ではなく、目の前にある物・不動産。いわばアナログの世界なのです。

なぜ新築アパートを建てることをすすめるのか

1、株やＦＸとの違い

そもそも株やＦＸには、完全なる成功者など少ないのです。逆に失敗した経験を持つ人はかなり多いのが実情。皆さんの周りにも株やＦＸにチャレンジしたはいいが、損してしまったという人は意外に多いはずです。

ただ、株やＦＸで成功したわずかな人が言う、「一年で資金を二倍に、三倍に」という景気の良い話はアパート経営では無理。アパート経営の特長は、失敗しない（しにくい）ことにあり、損失にも限度があります。株やＦＸでは成功すれば大きなゲインが得られますが、逆に多大な損失を被る可能性もかなりあります。

もっとも、人に会わずに、手足を動かさずにワンクリックで稼ぐには、株やＦＸが勝るでしょう。大家になることは、楽をすることではなく、経営の道に入ること。ワンクリックであとは待つだけではなく、掃除をし、手入れをし、人と会い、折衝し、決断しなくてはいけません。面倒だな、と思いましたか？　いいえ、笑顔で掃除するなんてことは大変ではないのです。自分でやっても20分。この20分に気を遣う人、遣わない人でアパート経営の結果は変わります。もちろん、自分でやらなくても大丈夫。遠方の人も、忙しい人にも掃除会社がありま すし、シルバー人材に依頼をしても良いでしょう。大事なのは住む人への気遣いです。利益に走らない方が良いでしょう。掃除くらいは大したコストではありませんから。それよりも入居者に長く住んでもらうこと、退去しないでもらうことが大切です。

2、年金対策は投資ではない

私たちのする「年金対策」＝「アパート経営」は世間で言う投資ではありません。ですから、大きな収益を見込んではいないのです。年率20％や、数10％の利益を目指してはいません。もし、毎年の大きな利益がお望みでしたら他の方法を検討された方がいいでしょう。

利益率が高いものは、リスクも大きいのが世の常。仮にコストが小さく、リスクがわずかでも、資金が「０」になる可能性があるものは、年金対策にはなり得ません。年金対策は、退職後に必要な生活資金になるものですから、結果がゼロでは論外です。年金対策の比較対象は、「貯金」でもあり、自己資金がなくなってしまうことは許されないのです。

投資の収益性と比較をする人は、リスクに対しての考え方が違うのです。

× 株・投資信託・ＦＸはワンクリックで世界と競争、個人のテクニックで差がつきにくい。

× 株・投資信託・ＦＸは景気による浮き沈みが激しい。

× 株・投資信託・ＦＸは専門的な世界。
○ アパート経営は目の前の地域競合との勝負。
○ 住まいは景気が悪くても（悪いからこそ）、引っ越すことは少ない。
○ アパート経営は競合（他の大家）がご老人であり、一般のサラリーマンでも勝てる。

私は年金対策のひとつとして「１棟４室アパート経営」を提案していますが、これは年金対策として「絶対」というわけではありません。もちろん他の事業を選んでもよいでしょう。しかし、他の事業より安定しているのがアパート経営なのです。

それは日々の経費があまり掛からないから。一番コストが高いのは建物よりも、土地なのですが、数年後に価値がゼロになるものではありませんし、そもそも価値が落ちるような土地を選ばないことが大切です。もっとも、価値が落ちる土地ではアパート経営自体が成り立たず、銀行からも融資を得られません。

そして、２番目に高いのが建物コスト。ここでお薦めするのが「木造２階建て」です。木造２階建て以上のコストをかける必要はありません。さらに、小さめのアパートで１棟４室が最適、快適です。

収支を回すため大きなアパートを建てると、１室あたりの土地単価・建物単価が下がりますが、他方自己資金やローンも高額になります。アパート経営に必要最小限なのが1棟4室です。

実際、十分収益が出せます。これは私をはじめ、私がアドバイスさせていただいた他の大家さんの事例をご覧いただければすぐわかります。私の経営する4棟すべてで、プラス収益です。

むろん、すぐに何倍となる利益ではありませんが、

・確実に毎月収益が出ること

・将来、ローンのない土地と収益を生むアパートを持てること

これこそが真の資産形成です。銀行の外貨預金、証券会社での投資信託・株式投資、大手不動産業者のマンション投資、そして、ＲＥＩＴ、ＦＸだけが資産形成ではありません。

３、ワンルームマンションはダメ

マンションは年金対策にはなりません。特に、ワンルームマンション。購入した瞬間に価値が落ちる、というよりも購入価格は現物の価格よりも高すぎるのが実情です。マンションでは売るために高額な宣伝費をかけていますが、あれはどこから出ているのでしょう？　そう、新規の購入者が払う、物件価格に含まれているのです。それがよしとされるのは、購入額に対して見合う家賃収入があるときだけ。

さらには、分譲賃貸物件を購入するオーナーの意識の低さも問題です。収益が上がれば良いとしか考えていない方が多く、ほとんど業者任せ、そんなオーナーの気持ちの緩みがあるから業者もオーナーのために動くのではなく、自社のためにとしか考えていません。このような悪循環はマンション投資の現場で珍しいことではありません。営業トークに乗ってしまい、後悔するということのないように、購入の決断は急ぐべきではありません。

実は私自身、ワンルームマンションを購入して失敗したことがあります。

どんな不動産投資（経営）がいいかを模索している時期に、とにかく「良い業者、良い担当者」と知り合いたくていろいろと活動しているうちに、ある熱心なマンション営業マンに出会いました。とても熱心に、何時間もかけて「新築ワンルームマンション投資」の説明をしてくれたのです。とてもよい勉強になりました。

この営業マンのカバンは不動産情報であふれ、公示価格・物件価格・空室率・家賃相場・内閣府資料・地震情報・登記・保険・デザイン・建材などの話を聞きました。しかし、私も業者さんの話を聞くだけで行動しないのでは「現状は何も変わっていない」とも感じていきました。

そこで紹介されたのがあるマンションの5階角部屋。北向きですが、建物の北側の地域は第1種低層住宅地域でしたので、見晴らしが良かったことも気に入りました。

「北向きの部屋もいいですよ。直射日光は入らないし、多くの建物は南を表側として造られているので、建物の汚い背中を見なくて良いですからね」と彼は言います。ものは考えようです。

その講義（営業）の結果、私は「新築ワンルームマンション」を購入してしまったのでした。価格は１０００万円台で、当時の家賃は７・５万円でしたが、ローン返済後の残金は年間で十数万円程。

今思うと、あの頃は利回り云々よりも、銀行との折衝や登記、さらに税金のことなど諸々を経験して自分がどう感じるのかを知りたかっただけでした。結果として、失敗でした。

営業マンとして、物件を売るための情報は丁寧に説明してくれたのですが、収益性やその後に必要となるオーナーの金額的な負担、精神的な負担については、説明がありませんでした。それはこの営業マン自身が投資マンションを所有したことがなく、話すことができなかったのでしょう。これは大きな教訓です。

相談をする相手がアパート経営をしている人なのか否か、税理士でも各種業者でも同様です。本当の不動産オーナーの気持ちはオーナーになった人でないと分からないもの。ワンルームマンションの取得はある意味チャレンジへの布石でした。いまでもその教訓を忘れていませんし、物件を売ることができていないので忘れたくても忘れられません。少し収入が増えましたが、確定申告上、ワンルームマンションは赤字となっています。なぜ赤字となる１０００万円もの不動産を抱える必要があるのでしょうか。業者の論理に、無知だった私が負けたわけです。

４、中古アパートはダメ

そもそも、中古住宅の品質は「バラバラ」。これから新たに経営しようという人が選ぶべき出来のものではありません。今現在中古の物件は、今後の客をつけるのに苦労します。まして、昔大量に建築された「１K・バス&洗面台&トイレが一体の３点式ユニット」物件は余る一方です。ここで、中古アパートと新築アパートの比較をしてみましょう。

〈中古アパート〉
× 市場に出回る量が少ない。立地を選べない。
× 建物自体の品質が悪い。安かろう、悪かろう。
× 銀行融資期間が短い。利回り×０・５。
× 半製品。追い出し、解体、再建築が近い時期に必要。

〈新築アパート〉
○ 土地売却、古家売却の量が多いため、土地取得の選択肢が多い。
○ 設計士・施工業者を抱え込み、オーダーメイドできる。
○ 減価償却期間以上の25年～30年間の融資期間がある。
○ ローン返済後、現金収入期間とその貯蓄期間が最大のメリット。

確かに中古物件は見た目の利回りが良いのですが、利回り重視ではなく、物件そのものが良いと思えるものを入居者に提供すべきです。あなた自身が住みたい、と思える物件を提供しなくてはいけません。

もし中古アパートを買うなら、建物に異常が起きたときに、誰が、いつ、いくらで、確実に対処してくれるのか、についてしっかりと確認・検討してください。そもそも中古は良くないものとして、徹底的に見るべきです。実は私も中古アパートを曖昧に見て、苦労・失敗をした一人です。皆さんは私の轍を踏まないでください。

中古アパートを完全に否定するわけではないのですが、既存の中古アパートよりも、差別化できているアパートを建築することがより良いと断言できます。

特に伝えたいのは、ローン完済後の収益の違い。

ローンを返済している15年〜20年間は、中古でも新築でも大きなプラス利益は出ないため、これを期待しようとすると、特に利回りの良い中古物件を求めてしまいますが、そもそもこれが、間違いの始まり。

利回りの良い多くの中古アパートは、利回りをよくしなければ買い手がつかないという、売主側の都合があるからです。物件の修繕・管理費増、家賃の低減……という悪い流れもあり、手放したくなるものですね。「人はなぜ物件を売るのか？」をもう一度考えてみてください。

5、オーナー自身が取り組めば問題は解決できる

何度も言いますが、アパート経営は難しくありません。人任せではなく、自分で事業を運営できるのも魅力です。ワンクリックでできる投資とは違い、オーナー自身の工夫、判断、苦労で何らかの解決と改善ができる経営です。

6、無理をしない、安定志向の年金対策

「年金が心配だから、何か別の対策を考えなければ…」という方向性はよいのですが、この対策が、大きな損害となり、人生設計が狂うことになってはいけません。最悪の結果として自己破産、という結果になる恐れがあるか、ないか？　これだけは注意しましょう。判断基準がゆるくなると大きく儲けることを優先してしまい、リスク管理が甘くなります。だからこそ、利益は大事ですが、大きく儲けることをはじめから考えずに「安定志向」でいくことが大事です。現在の身の丈にあったプランを練りましょう。

いいですか、無理をしないこと！　１９９０年代のバブルを忘れないようにしましょう。

アパート経営の安定性とは、70歳・80歳のおじいさん・おばあさんでも出来、すべての事業の中で倒産する率がとても少ないこと。アパート経営は社会にあるシステム、例えば不動産仲

介業者、施工業者等の協力を受けられるため、オーナーの実働時間が少ないのです。先ほど掃除の例でも少し出しましたが、オーナーが工夫を重ね、いろいろな業者を適正料金で利用することで、本業を持つ人にも十分に対応できる「手間いらずのアパート経営」ができるのです。

不動産投資と賃貸経営

先ほど私の推奨する「アパート経営」は世間で言う「投資」とは違う、というお話をしましたが、アパート大家は「不動産投資」と「賃貸経営」との2つに分かれる傾向があります。「不動産投資」という言葉を使う人は、収益重視でリスクを感じつつもどれほど利益が上がるかを優先しているように感じます。また、「賃貸経営」の場合は、収益も注視しますが、収益性よりもリスクを低減し、長期安定経営を重視している様子を話してくれる人が多いように感じます。さらに、経営を前提にしており、入居者への配慮により一層気を使っている傾向があります。

もちろん、収益がとくに高く、絶対的に長期安定する手法がベストなのですが、なかなかそんなベストな手法は無いものです。

私の場合、不動産投資と賃貸経営を両方勉強しながら、実際にアパート大家になったのですが、ここ数年実行して感じることは、アパート大家業＝賃貸経営だということ。

主な理由は、アパート大家はじっくり腰を据えて、時間をかけて資金を回収し、収益を得ていくものだからです。たとえ、利回り20％超のおばけ中古物件でも資金回収＋利益を出すのに５年～10年かかります。そして、その数年から数十年の間にアパートの中でいろいろなことが起きるのです。入居者にも変化がありますし、アパート自体も生き物のように変化します。

アパート経営を不動産投資と考えている人ほど、株やＦＸなどと比較をしてしまい、要望・相談・修繕・クレームに対しての準備（仕組み、備え）ができていないもの。

投資としてはじめてもかまいませんが、準備不足を感じる前に賃貸経営の準備をしておくことが、先人の経験を知り、これを活用することに繋がります。

第2章

サラリーマン大家になるための「心構え」

サラリーマン大家＝経営者として生きる心構え

・安定した収入を確保する
・経営者しての自覚をもつ
・将来の生活に対して不安であるのは当然であると気づくこと
・悩むことは良いこと
・「生活レベルを変えない」こと
・目標を持つこと
・具体的な行動に移すこと

本章では、具体的なノウハウをお伝えする前に、サラリーマン大家、つまり経営者として生きていくための心構えについてご紹介していきます。

まずは、上の囲みをご覧ください。

これは、ごく基本的な心構えを列挙したものです。詳細については、今後説明を加えていきますので、まずは心にとめておいてください。

「サラリーマン大家」＝経営者としての「人」道

私は経営者だ、と胸を張って言えるレベルではないのですが「今、経営者として学べる立場にあるのかな」と思います。いえ、学ばなければ危ない方向に行ってしまいます。

アパート管理においては、家賃の設定、入居者の選別、入居者の要望対応についても、どう判断して、どの道を選ぶのかをオーナー自身が決めなければなりません。これらを自由に決められることは、メリットであり、楽しくもあるのですが、その分リスク・失敗もダイレクトに戻ってきます。どのような難題がやってくるのかという不安もあり、日々緊張感もあります。だからこそ、いろいろと情報を収集し、事前に準備・対策を検討しています。良い意味で、生活に張りがあります。

全ての契約において自分自身が出ていくことが多く、相手側も唯一の当事者として対応をしてくれます。「自分が判断しなければ始まらない」そして「自分が判断すれば全てが動き出す」ため、失敗も成功も全て経験できるということに面白さがあります。

辛いこともありますが、それも自己成長・経営の成功のためと思えば容易に我慢できます。この経験を避け続けていくと、いずれ大きな落とし穴にはまってしまいます。

できるだけ失敗を小さくするには、前例にならうことが一番。大事なのは前例と同じ間違いをしないこと。アパート経営者として、どんなに間違えても大失敗（金欠・破産）はゆるされません。そうならないために前例を学ぶのですが、私はそれに関して、人の意見を聞くことを大切にしています。

私もサラリーマンを辞めて、6年目。自分では独立できたのかなと思った時期もありましたが、世の中で経営をしていく上では辞書にある「独立」（他と離れて、一つだけ立っていること。…三省堂大辞林より）することは、現実にはありえないでしょう。

入居者、仲介業者、設計士、施工業者、設備業者、税務専門家、法務専門家、先輩大家、近隣の方々……。皆さんとうまくコミュニケーションをしていくことがこれからも、もっともっと大事になります。

そういう意味で、私もまだまだであり、だからこそ日々の変化、日々成長していくことが面白くて、今もアパート大家を続けられているのだとも思えます。人との新たな出会いやお付き合いも面白く、私自身、まだまだ飽きることはありません。

事業主・経営者となる

アパートオーナーは税務上の個人事業主として認められ、確定申告もします。自分自身の1年間の総決算ですので、税理士さんとの相談は実践的な勉強の機会です。自分が経営者であることを再確認するときです。個人事業主ならば当たり前のことなのです。一サラリーマンは会社の方針や事業の撤退など、一個人が奔走してどうにかなるものではないのですが、アパートオーナーとしては私の判断が直接の収支を左右します。

例えば家賃額を決めるとき、高い家賃設定にすればより収益が上がりますが、家賃が高い為に入居申込が入らない恐れがあります。逆に低い家賃設定にすればより多くの申込み希望者が現れて入居者がすぐに確定するかもしれませんが、収入が減ります。このさじ加減は難しいところですが、オーナー自身の決断でどうにでもなるものです。そんなとき経営の難しさを感じます。

また、アパート賃貸業に対して、他の業種の事業よりも銀行から融資が得やすい事もメリットです。銀行からみて土地や建物に抵当権を設定し現物の担保ができること、また他の業種に比べて仕入れなどの原価の変動要因がないこともアパート事業に対して、25年30年もの長期間、低金利で資金を貸し出してくれる理由です。このような長期間、低金利での貸し出しを得られるのは他のビジネスではありえないことです。これはオーナーにとって銀行に事業性と担保価値を認めてもらえて、その資金を使うことにより、レバレッジ効果（少ない自己資金で大きな資本を動かせること）を得られるというメリットがあります。

不動産業者、建築業者、銀行、税理士、司法書士など事業の経営者として、前面に立ち判断を求められ、その成果が目の前に現れ、関連業者との密接な関係と信頼を得られることにより、経営実務を経験したことも自己成長につながっています。会社では分業制であり、従業員としてこれらの全てを行えている人が多くはないので、良い経験となりました。

アパート経営で、もし本業の会社が倒産しても、リストラにあっても、他の会社でも生き抜いていける仕事上のサバイバル能力を身につけたようなものです。きっとほかでも成功します。また経営ノウハウを身につけているのならば、現在の会社内でも優秀な人材と見られます。私自身もサラリーマン時代は、望んで海外勤務に手を挙げ、本業・仕事に対する見方が変わり、海外カスタマーセンターとして東アジア、東南アジア、インド、中東、アフリカを一度に担当させてもらいました。ここではたくさんのクレームを受けたのですが、先頭に立ち受け答えしたときには、クレームを言う人は目の前のトラブルを解決・改善したいという思いがあり、これは日本人でも、外国人でも同じだと感じました。

オーナー自身こそが差別化のポイント

アパート経営で競合に勝ち、安定して収益を上げ続けるためには他にはない優位性を持つ必要があります。その代表例が立地です。最高の立地は自由が丘、吉祥寺、下北沢、または山手線の内側とよく言われます。もう一つの要因は建物です。広い部屋、最新鋭の設備など、建物ではいくつもの差別化ポイントがあります。

アパート経営者の誰もが、さらに良い立地を求め、良い建物を検討しますが、最高の立地、最高の建物でも、失敗するケースがあるのはなぜでしょうか。それは、オーナー自身に理由があるのです。

アパートはメンテナンスで差をつけられるのです。入居者を迎え入れ、建物を管理し、月日と共に変化がありメンテナンスも必要になります。上手に経営を進めるには、優秀なサポートチームが必要で、その中心にいるのがオーナー自身なのです。

私自身、オーナーをしていて痛感することがあります。例えば退去連絡の後、入居者が引っ越しした後の部屋を見て、微妙な汚れを発見した場合、クリーニングのみで再募集をするべきか、クロスを新品に貼替えるべきか（コストがかかります）、迷います。最初のロスは、私が迷っている時間。オーナーが判断をしなければ、クリーニングも始まりませんし、次の入居確定までの無駄な時間がただ過ぎるだけです。家賃が月12万円の部屋ならば1週間で3万円のロスになります。次は新品のクロスにする費用をケチってしまい、入居者が決まらないロス。私の場合数日後に入居者が決まったので大きな損害にはなりませんでしたが、選択の重要さを実感しました。

このようにオーナーの判断でアパートは常に動いているのです。立地・建物と同様にオーナーの力量は大事な要素です。常に情報を収集し勉強を重ねることが重要です。オーナーは賃貸業の経営者。このことを肝に銘じて、私もさらに精進して成功を収めたいと思います。

解決できない問題はない

問題に突き当たったら、まず現状を確認します。何が問題なのかを見つけられると、解決するための策を打つことができます。特にアパートの場合は、解決が可能なことばかりです。目の前にある建物で起きていることと、目の前にいる人との間で発生している問題なのでわかりやすいのです。また、過去何十年間も、多くの大家がアパート経営を行っているので、大半の問題は今までに起きているものですから、解決できないことなどほとんどありません。

当たり前のことを当たり前にやる

賃貸業を成功させるために必要なことは「当たり前のことを普通にやること」です。

例えば、銀行融資。融資の申し込みをするにあたっての、必要書類の確認。提出依頼を受けた書類は期限内に、きっちりと揃えます。できれば期限よりも早めに。

いくら依頼者の属性が良くても、また事業計画が良くても、たった一枚の書面がないだけで前に進めない場合があります。源泉徴収書もそうです。これがないと融資を依頼している方の年収がわかりません。毎年もらうものですし、副業で賃貸事業をする場合は確定申告時に税務署にも提示すべきものです。このような大事な書類をすぐに出せるか否か、依頼者の資料管理の資質が疑われてしまいます。これは、普通に部屋を片付けておけば済むことです。

このように、事業を始めると何につけても契約書面の管理が必要。銀行融資で必要な書面がすぐに提出できないようだと、他の契約手続きでも書類不足で契約が成立しないことも予想され、このような人は成功を収められないでしょう。銀行からも、融資を出すのはやめた方が良いと判断されてしまうかもしれません。実印の管理も同様です。

その点、サラリーマンは日頃会社で共有管理物を使っているので、各種アイテムの管理、書類を管理する姿勢が身についています。今までやってきたことを普通にやれば良いのです。

入居者のために気持ちを込めて

ひと昔前は1棟の建物にたくさんの部屋を詰め込んで、建物費用をできるだけ安くし、より収益を上げることに工夫が凝らされていました。そのときのアイデアとして代表的なものがお風呂・洗面台・トイレの「3点式ユニット」。これは、今の入居者には受け入れられず、アパートの「負の遺産」になっています。現在はお風呂とトイレは別であることが主流で、改善策としてお風呂の浴槽を取り外し、浴室ではなくシャワー室へとリフォームし、トイレは別にする苦肉の策もあります。以前は、部屋を借りる人よりも大家の立場が強く「部屋を貸してあげる」という考え方が横行していました。また、大家自身が自分の利益を追求しすぎて、入居者の気持ちを掴もうとする努力が足りなかったことも、このような結果に繋がっているのではないかと思います。

また、アパートを取得することは簡単なことではないので、新規のオーナー側にも苦労があり、苦肉の策を選ばざるを得ないこともありますし、価格の誘惑もあります。しかし、収益性を追求しすぎて入居者に不便な思いをさせてしまうと、お客様という大切な人が去ってしまいます。コストを下げ収益性を上げることについては工夫するのが経営者として当然ですが、3点式ユニットはやり過ぎだったのです。このような過去の事例はアパートを建てたときに参考にさせてもらいました。

どのような部屋ならば快適に住むことができるだろう、と考えてアパートを作ること。この気持ちはきっと入居者に伝わり、結果として安定したアパート経営につながることでしょう。さらに言えば、3点式ユニットがある部屋は今でも多く存在していますし、収益性のみを考えている大家さんもいますので、これらのアパートとの大きな差別化にもなるはずです。

オーナーの気持ちが込められたアパートを作ることで、その後も愛着を持って管理することができます。より多くの大家さんが良い循環を作り、住みやすい貸家・貸部屋が多くできるといいですね。

良い循環を引き寄せる気遣い、おもてなし

良いことが1つ起きると、次々と続くということを経験したことはありませんか？　お礼、感謝される、褒められる、契約が取れる、思わぬところから依頼を受けるなど。逆に悪いこと、1つ良くないことが起きるとそれが続くこともあります。良い循環と悪い循環。この2つをコントロールすることは難しく、それができたら最高なのですが、できるだけ良い循環を引き寄せ、悪い循環にしない方法はあるように思います。

アパート管理でいうと「エントランス部分の小綺麗さ」。新しければなお良いのでしょうが、新しい物件だとしてもいつもゴミが散らばっているようでは毎日エントランスを利用する入居者は不快な気持ちになります。新築の賃貸マンションで完璧なエントランスなのに、どのポストにもチラシがつまりすぎ、さらにダイレクトメールが詰め込まれていたり、そのチラシが地面に散乱していたり、そして雨でタイルにこびりついて何日もそのままの状態だったりしたらどうでしょうか。

共有部が不清潔だと、入居者が友達を連れて来たとき入居者自身がみっともない思いをしま

すし、最悪の場合、何も理由を告げずに退去してしまうかもしれません。エントランスや共有部分の掃除は、オーナーの気遣いが表に現れるところ。エントランスに気を遣わないオーナーもいるので、やらない人との差別化ができるポイントです。

日本には良い事例があります。それは、お寺や神社の境内です。何十年も前からあるお寺ですが、いつも新鮮な気持ちになります。神聖な場所だからかもしれませんが、毎朝の作務・掃き掃除が行き届いていることにも注目し、その良い事例をアパート経営でも取り入れていけるとよいですね。見た目が綺麗ということでオーナーさんの気遣いが表に現れて、ささやかですが、日本の良い文化の「おもてなし」ができます。

人に部屋を貸すことで得られる充実感

人間が生活する上で欠かせない「衣食住」のひとつ、住居を提供することは社会的にも重要な役割です。これを自分で行うことで、大きな充実感を得られます。江戸時代は地主が貸家を庶民に貸すことで街が出来上がっていました。今でこそ大家の地位は目立たなくなりましたが、大家は社会的な責任を強く感じなければなりません。アパートを運営していく中で入居者から感謝の気持ちを伝えられることがあり、そのときは「やっていてよかったな」と思えます。良い部屋を作り上げ、提供することで、入居者がゆとりのある生活を実現し、部屋で十分な休養をとり、仕事で能力を発揮してもらえたら――。これこそ大家冥利に尽きます。

経営面での「充実感」、一番は満室の時の達成感でしょう。土地を購入できた時、融資が通った時、建築確認がおりた時、建物が完成した時、入居者が確定した時、家賃の入金があった時。これらは決して自分ひとりでできたことではないのですが、各段階をクリアできたときの充実感は大きなものでした。私は自宅を建てたことはなく、アパートだけなのですが、一つ一つの段取りが目に見えて進むことの達成感は大きなものでした。大勢の方が関わって建物が建ち、そして入居が進む……。感謝の気持ちと同時に、大きな達成感、充実感を味わえます。

満室であること、感謝を忘れないこと

先にも述べましたが、感謝と達成感、これは私にとって大事なアパート運営要素です。アパート経営では当然収入がなければいけないので、満室であり、家賃が入り、さらには金利や固定資産税等を引いてプラスであることが大事です。しかし大家をしていると、この家賃は毎月入金されるものであって、運営し始めて1年、いや半年もすると「入金は当然あるもの・確保しなければならないもの」、そして「次は何をしようか」とも考え始めてしまいます。経営

が落ち着いてしまうことで「満室も、家賃の入金があることも当然だ」という錯覚に陥るのです。これを「満室であることも、毎月家賃の入金があることも、そして当初の予定を達成、維持し続けることはすごいことで、少しくらいの苦労があってもおかしくない」と意識を高めれれば良いのです。

何か起きたとしても入居者の要望にすぐに応じて対応したり、修繕をしたりと大家としての仕事を果たせば良いのです。普段はあまり入居者とコンタクトを取らない大家の私でも、何らかの対応をしたときには、その対応の結果を入居者に確認をします。そんなときに「ありがとう」「とても住みやすい」とか、「とても面白い部屋で気に入っている」とか、または「（生活する上で）問題はないですよ」などの言葉をいただけると嬉しいものです。「苦労して土地を探し、今まで想像もしたことがない大金のローンを組んで、そして勇気を出して実行をした甲斐があった」と思える瞬間です。賃貸経営が安定したとしてもゆとりボケしてしまわないよう、この事は忘れずにいたいものです。私の例ですが退去された方の理由が結婚で、退出立会い時に「この部屋はとても気に入っていた」と言われた時はとてもうれしいものでした。収支には直接関係ありませんが、お客様の一言で充実感を感じられることを大事にして安定経営を続けたいものです。

本業でも成功する

アパート大家になると、サラリーマンとして本業でも成功します。

大家業、つまり不動産賃貸業を軌道に乗せるには、経営者として最低限の判断と振舞いをしなければなりません。これが自然と経営を体験することになり、経営術が身につきます。そして本業では、従業員としてではなく経営者としてどのように判断し、行動すべきか選択できるようになり、成功につながるのです。

安定したアパート経営という副業で成功し、そしてさらに本業の業績も上がるとなると、良いことづくしですね。

第３章

サラリーマン大家になるための基本戦略

基本的な心構えを身につけたところで、今度は具体的な話に進んでいきましょう。まずは私の推奨するアパート経営術について説明しつつ、「マイ年金」を作るため、サラリーマン大家になるための基本戦略をお伝えしましょう。

大手ハウスメーカーが作らない物件を提供する

サラリーマン大家成功のポイントは「大手企業が提供しないニッチな空間、だが確実に需要のある物件を提供する」ことです。具体的に言うと、

1）大手ハウスメーカーが大量生産をしようとしない二人で住める部屋を提供

2）短期間の収益性よりも、30年長期間の安定収入を狙う

3）市場にたくさんある1Kやファミリー向けの賃貸ではなく、市場に出ることが少ないDINKS（男女二人収入があり、子どものいない世帯）の二人が住める部屋を提供。そして仲介業者にも喜んで取り扱ってもらう

のです。

さらに言うと、私は東京都内でアパート経営を行うのがよい、と考えています。その理由は次の項で説明しましょう。

東京の人口、東京の価値

人口統計によれば、日本全体では人口がしだいに減少するものの、東京都内の人口は今後20～30年にわたり安定するとされています。東京都総務局のデータによれば、東京23区の人口ピークは平成27年、８９２万人と予想されています。

そもそも、年金問題の原因の一つは日本の人口の減少。ですが人口の減少は、日本全体で一括りとして見てはいけません。東京などの大都市に人が集中することが予想され、富山市や青森市などでは都市部に人口を集積させる「コンパクトシティ構想」が進み機能しているように、全体の数字だけを見て悲観するのではなく、個々にアパート経営に向いた適所を見つけることも大切です。人口減少は全体として進みますが、人が快適に住める街はまだ当分存在するはずです。

東京の話に戻りましょう。地方に比べて、東京都の土地価格は高いのですが、土地の価値は、地方よりも格安とも評価できます。今後、現在の土地価格がどのように変化していくのかを検討するには、その街の人口がどう変化するのかが大事な要素になります。地方では、すでに人口減少が進んでいますが、「東京都総務局統計部人口統計課　人口動態統計係」のサイトを見ると、東京では現在でも人口が増えているのです。これは、日本の都道府県でも珍しい現象です。日本全体では人口減ですが、東京は進学・就職等の社会的な流入がある為、まだ大きく下落しているわけではありません。逆に増えています。それでも、当然ながら東京の面積は変わりません。

東京の土地は価値があるのですが、なかでも東京23区は稀少価値があると考えられます。さて、資産価値として、皆さんはどう考えますか？

ひとつヒントとして、日本の中での東京、というだけではなく世界から東京がどのように見られているかにも注目していただければと思います。

あなたのライバルは1780万戸の借家

住宅総数4780万戸、持家総数3000万戸、持家住宅率61％。

借家総数1780万戸、民営木造440万戸、民営非木造900万戸（総務省統計局）。

4780万戸と1780万戸。

これは大家、または大家さんになる予定の人が知っておくべき数字です。日本にある家屋の物件数、4780万戸。1780万戸は、日本の貸家総数。つまり、私たちの競争相手の数です。ライバルを知らずして、ライバルに勝つことはできません。

例えば、５００人参加のマラソン大会なのか、１０００万人参加の大会なのか、それを知ることによって対策が異なります。スタート位置からして、違うのです。大きな大会の東京マラソンではスタート号砲を遥か後方で聞き、スタートラインにたどり着くまで、何十分もかかるそうです。

不動産を買うことは「一生に一度の大英断」。それなのに、ライバルの数、自分の立ち位置を知らないなんて恐ろしいことです。

さらに、民間の木造貸家は４４０万戸、民間の非木造は９００万戸。

あなたはこれから、４４０万分の１の、最高の、日本一の木造アパートのオーナーになるとします。これを目指すために何が必要か？　そしてなぜ東京が良いのかが見えてきます。全国の貸家数は１７８０万戸、東京は２９０万戸、神奈川１３５万戸、埼玉85万戸（H20年総務省統計局）。ライバルも多いのですが、需要も多い東京の中で勝負することが良いと見えてくるでしょう。

適正な価格で土地を購入する

土地購入のポイントは、とりもなおさず「適正価格で購入すること」です。過去数十年のデータを見て、買ってはいけない時期を外すのです。地価の公示は毎年行われています。詳細は次の国土交通省土地総合ライブラリーをご覧ください。

(http://tochi.mlit.go.jp/kakaku/chikakouji-kakaku)

過去20年から25年をさかのぼって見ていると、最近は変化が少ないとか、土地価格の下限を推移しているという見方もできるようになります。このように土地価格が下限ならば、その時期は土地を取得するには良い時期。一年間での変化が大きい時は別ですが、過去の長期間を見て現在がどのレベルにあるのかを確認することも大切です。毎年の相場の変動に一喜一憂するのではなく、継続して土地情報見続けることが大切です。

※参考※　市街地価格指数：旧日本勧業銀行が宅地価格を調査していたものを日本不動産研究所が承継し、実施。全国主要２２３都市で選定された宅地の調査地点について、日本不動産研究所の不動産鑑定士等が年２回価格調査を行い、これらを基に指数化するもの。総務省統計局のデータに列記。

あなたは借り住まい派？自宅所有派？　それとも賃貸併用住宅派？

賃貸物件に住むのと自宅を所有するのとどちらが良いかについて、よく比較をされます。借り住まい派はローンに縛られることなく、今後の変化に対応しやすいメリットがあります。しかし毎月の家賃は支払うだけで将来資産として形が残りません。毎月の家賃が10万円の場合、年間１２０万円。30歳の人が退職する60歳まで30年間払い続けると３６００万円になります。家賃が積もり積もると、毎月の10万円もこれだけの額になります。

これだけ払うのなら、老後の住まいを所有出来ていても良いはず。賃貸では老後の生活費に加えていつまでも家賃がかかることが重荷になりますが、自宅を住宅ローンで所有する場合は、最近の低金利と住宅ローン控除のメリットがあります。そのため今が「自宅を購入するのに最適」とも言われており、それも的外れではないでしょう。

仮に毎月10万円返済の住宅ローンを組んだ場合、借入期間35年間、金利１・０％では約３５５０万円、金利１・５％では約３３００万円を借り入れることができます。無事に返済が進めば、30歳の人が60歳のとき債務残高は僅かになり、65歳で債務の無い自宅（土地・建物）を持つことができます。老後には家賃の負担を負いたくないもの。たいていはこの筋書きで自宅を購入してしまうのですが、さらにもう一つ考えてほしい方法は、「自宅の一部に賃貸ができる部屋を作り、自宅から家賃収入を得る方法（賃貸併用住宅活用プラン）」です。住宅ローンの支払額相当分の家賃を得られる賃貸併用住宅は可能なのです。

私が関わった方のなかには、住宅ローンの返済額以上の家賃収入を得て、毎月の収支がプラスになり、確定申告をしている方までいます。これこそ、勉強する価値があることだと思います。知らないということは怖いこと、知っている人ほど得をするものです。

このような賃貸併用住宅は世の中では珍しいのですが、王道チーム（178頁にて紹介）の菅さん曰く「世田谷などでは昔からこの手法が活用されていた。古い賃貸併用住宅も数多くある」とのこと。世田谷区内を歩いてみると確かにそのとおり。より多くの人に住宅ローンの負担を軽減できるこのプランを知ってもらい、活用してもらえるとよいと思います。また、賃貸併用住宅は東京に限らず、地方でも活用できます。

賃貸併用住宅を知る

引き続き、純粋なアパートではなく、賃貸併用住宅についてお話しします。住宅ローンを使って賃貸併用住宅を取得するというプランは、低金利であることと、（執筆時点で）消費税が上がる前であることのメリットに加え「住宅ローン控除」も活用できます。

賃貸併用では、自宅部分と賃貸部分がありますが、自宅部分が按分されて控除を受けられます。戸建ての住宅ローンと同様に、この控除はまさにサラリーマンが住宅ローンを組む場合に適しています。適切に活用すれば、消費税が5％アップになる前の効果よりも、こちらの控除の効果が大きく、2015年以降に取得する場合と比較すると、建物費用に関して10％ほどのメリットを得られる可能性が十分にあります。景気対策のひとつだそうですが、珍しく？行政が太っ腹の政策を示してくれているので、ぜひ活用したいものです。

家賃相場に合った建物で、コストダウンの提案を

東京の土地は、全国的に見ても値が張ります。

競争力のある良い立地を取得して、今までに満室実績のあるアパートを選んでも、建築プランの検討中や建物施工中にオーナーとして「本当に満室になるのだろうか？」「自己資金は回収できるのだろうか？」と不安になることがあります。ここで陥りやすいのが、心配の反動で過剰に建築コストをかけてしまうことです。

こんなとき、オーナー一人では難しく考えてしまいますが、王道チームでは市場状況を確認し設計士・施工者に理解してもらうことで、建物にコストをかけすぎないように提案しています。

もちろん、家賃が上がる工夫や、空室対策として満室を維持できる工夫は大歓迎。必要なところを見極めて、不必要なところにはコストをかけないという考え方が大切です。

これについては王道チームの専門家や経験者の意見を聞き、今現在成功している手法を参考に無理がないか、無駄使いでないかをアドバイスしてもらうことはオーナーにとって特に有効です。

また個別の地域ごとに家賃相場がありますから、コストをかけて豪華にしても実際の家賃に反映されない場合も十分にあります。立地に見合った家賃を知り、その相場に見合う建物を建てることが成功するために大切な要素なのです。

家賃が安すぎては収益が得られないし、家賃が高すぎると入居者が見つかりません。地域に見合った最適な家賃と、コストダウンをしながらも的確な建物プランを作りましょう。

3・11を経験して ～震災後の木造住宅の評価～

東日本大震災ではたくさんの方が被害に遭われましたが、被災地で我慢強く生活を続けている人達には私たちも本当に勇気づけられます。被災地域外でも今後起きる大地震の可能性に恐怖を持った人、または覚悟された人も多いのではないでしょうか。

大震災関連の報道の影響で、不動産投資やアパート経営を安易に考えることはなくなり、新規参入者が減る可能性もあり得ます。しかし、逆にこれから真剣に物件を取得しようと決意している方にはチャンスともなります。

ここで一つ基本的なこととして、アパート大家から見て木造の建物は地震に弱いのか、強いのか、震災後の情報が気になるところです。

映像を見ると建物が崩壊している映像ばかりですが、注意すべきはこれらの大半が津波による被害であること。これはＲＣ構造（鉄筋コンクリート構造）でも同じ結果でしたので、津波では立地の選択が全てです。

では、沿岸地域ではない地域はどうだったのでしょうか。

内陸部の仙台駅周辺では木造住宅でも普通に生活ができている家が大半、ハイチやトルコの石の文化の国の地震と比べて、日本の木造住宅の丈夫さが伝えられた海外のニュースもありました。

さらには、木造建物でも２つのケースに分かれるようです。ネットに出ている阪神淡路大震災の調査結果を見ると、木造建物の崩壊写真も多くありますが、古い建物で「筋交い」がなかったり、開口部が広すぎたり、現在の耐震基準（建築基準）に見合わない建物や手抜き工事の建物が崩壊し、新耐震基準の建物では金物補強もされ、大地震後も無事に耐え抜いたそうだ。

ニュース映像を全てと考えるのではなく、津波の有無、建物の新旧、的確な施工と手抜き工事との差を個別にみて結果を確認し、最善を尽くした上で今後の方針を検討しましょう。かくいう私はすでに物件を所有しているので、今回の地震の結果を見て覚悟を決めるしかありませんでした。ただ、所有物件をいくつかの場所に振り分けているので、資産を一極集中させていないことが地震対策になるかとは思っています。

東京は50年後になくなる？

はっきり言いましょう。大地震でもなくなりません。

それに、めったに起きないことを恐れて何もしないでいたら、きっと人生はつまらないものになるでしょう。人生を楽しくするためにはもっと工夫できることがあるはずです。

地震のリスクはローンの返済不能。融資期間でなにが起こるでしょうか。例として25年の借り入れをしていたとしましょう。12年後には元金の半分以上は返済（元利均等返済）されています。東京の土地がなくならないとすると、地震保険で建物の2分の1をカバーしてもらえることは大きいですし、将来の安泰のために家賃収入が入っても今までの生活レベルを維持し（急に贅沢をしない）、得られる家賃収入を保管し、耐久性のある基礎・構造の建物を建て、地震保険に入っていれば、何もしないで年金準備がない将来の生活よりもよっぽど安泰です。あまりにもマイナス思考すぎてはいけません。

第４章

サラリーマン大家が
知っておくべき「数値」

ここまでは、サラリーマン大家になるための基礎的な戦略についていろいろと考えてきました。さて、本章では具体的な数値や金額を例に挙げつつ、アパート経営に必要な「数値」「お金」に対する考え方を鍛えていきましょう。

目標設定が大切

アパート経営で成功するためだけではなく、あらゆる物事に通じるのが「目標設定」の大切さです。「成功」と一口に言っても、何をもって成功とするのか分かりません。目標は人それぞれ。だからこそ「目標設定」は確認しておくべきことなのです。

・年間家賃収入1000万円
・年間家賃収入1億円

単なる金額設定に過ぎない目標ですが、これだけでも目標を達成するために、やるべきことは大きく異なります。

さて、私たちが目指すべき第一の目標は、将来（15年〜25年後）の安定収入です。

これが年金対策になるのです。さらに、50代・60代になったときに、日本人の平均レベルよりもゆとりを持って収入レベルが上まわっていること。そして安定していること。

ここに目標水準をおくことで、確実に目標に近づいてくることがはっきりします。ここまでくればアパート経営での成功まであと少しです。目標設定を考えるのは自己資金も要りませんし、個人の能力差も関係ありません。そうです、物事は実際の行動に取りかかる前に具体的に考えること、冷静に見極めることが特に大事なのです。

経営の基本は少ない経費で、多くの収益をあげること

アパート経営を安定させる基本中の基本は、家賃収入がローンの返済額を上回ることです。ローンの返済額を下げるには、まず、土地代を抑えることです。だからと言って東京を離れてはいけません。東京を離れることによって家賃収入が減り、空室率が高まるからです。どんなに良い部屋を準備しても地域の「家賃相場」には勝てません。相場を上回る高い家賃を払える人がいるかもしれませんが、「支払える人」に出会う確率が一気に減ります。つまり、家賃が高くなるほど、入居者数は減るのです。しかし、家賃を低くすればいいわけでもなく、家賃設定を下げて、間取りを低価格の1Kにすると競合と差別化できなくなり、空室リスクも高くなります。家賃相場、空室率、管理しやすい入居者層には最適点があります。そのポイントを探すことは決して難しくないのです。

続いては、建物費用を抑えること。こちらもまた、大きな要素です。例えば1億円もするマンションでも、入居者が見つからない事例もあります。高ければ良い、というわけではないのです。空室の物件ほど、環境に悪いものはありません。家賃アップと建築資金ダウンのちょうど良いポイントを見極めましょう。

例えば、2人暮らしをターゲットにした場合、1人当たり6万円の家賃は支払えない額ではありません。現に東京でも、地方でも6万円の部屋が五万とあります。2人で12万円はそんなに難しい家賃ではありません。それ以上の額だと、住宅ローン返済額と比較され、賃貸よりも自宅を所有した方が良いと入居者が判断する可能性もあり、あまり高い家賃の部屋は安定経営が難しいのです。

そしてもうひとつは自己資金を増やして、相対的に借りる額を減らすという方法。これもまた努力した人が報われます。

土地価格・建物費用と違って見落とされがちなのが、返済利息です。3500万円を、金利1・5%で35年の返済期間と設定すると、元利均等返済での総返済額が4500万円となり利息だけで1000万円の返済となります。これで、ハッと気がつく人もいます。ここに1000万円もの改善できる無駄な費用が眠っているのですから。何事も冷静に分析して見ましょう。

誰もが考えられるチャンス「年収1000万円」について

誰もが考えられるチャンス「年収1000万円」。実現している人も大勢います。ちょっと試算してみましょう。

年収1000万円とは、12か月で割ると、1000万円÷12＝83・3万円
365日で割ると、1000万円÷365＝2・7万円
時給にすると、1000万円÷（365×24）＝1142円

時給1000円は東京都内であれば、アルバイト情報誌で良く目にする時給。とても難しいことではないような気がしますよね。ですが、365日・24時間働き続けられる人は…いません。

では、時給1000円をベースに、現実的なところを見てみるとどうでしょう。

時給1000円、1日8時間労働、週休2日として、
1000×8×（365×5／7）＝208・6万円

１０００万円の「１／５」です。現実は厳しいですね。しかし、私たちが求めているものはあくまで「年金代わり」。現在30代の人がもらえる「予定」の年金は、月20万円程度かもしれません。年間２４０万円相当としたら、十分にこのアパート経営術で補充できます。

私は、目標を持ったらそれが「出来る」と思っていますし、今まで実現してきました。３年前に上梓した拙著『サラリーマン大家の「クズ土地」アパート経営術』に、サインをさせていただいた方には、『出来る』という文字を入れています。目標を明確にしたら、それについて、調べて、調べて、試して、試して、くじけず、さらに精度を高め、判断し、実行して、目標を達成するだけです。それでもうまくいかなかったら、一度立ち止まり、考え、反省し、問題点を見つけ出し、違う方法でトライするのみ。皆さん、きっと成功できます！

「マイ年金」算出方法

特に目指す「年金大家のマイ年金額」について、比較検討します。

先に結論を伝えます。私の提案する1棟4室アパートの想定マイ年金は「月25〜30万円」。

私は決して、サラリーマンが仕事をやめられる額とは言っていません。これは今の仕事を充実させるための「策」です。老後を心配せずに今を生きるための「策」です。貯金を減らさず利子だけで毎月20万円を得るには、なんと2億円必要（金利1％として）です。これでは論外。

毎月25万円得られると、年間３００万円。60歳で退職し、80歳まで生きるとして、20年×３００万円＝６０００万円。できる人はいるかもしれませんが、これだけの額を退職までに積み立てることは難しいでしょう。今後、もし年金をもらえなくなったらどうしますか？

となると、他の方法。つまり私の推奨する「立地が良く、差別点があり、丈夫なアパート」で対策できます。現在35歳の人が、25年間のアパートローンを組むことができ、「年金大家として適した策」を持つことができ、しっかりとアパート大家として経営ができたのならば（実はここがとても難しいのですが）、そしてアパートが25年以降、更に20年間維持できたのならば、１室7・5万円（場合によってはこれ以上で計算しても構いません）×１棟4室で、「月30万円」、年に直すと３６０万円。そして20年で「７２００万円」を得る。これが、年金大家の目指すものです。

さらに収益金額だけでなく、残った土地も財産となります。これは貯金よりも、投資信託よりも、株よりも、可能性が高い「年金代わり」になります。しっかりと勉強し、調査し、研究し、関係者と信頼関係を持ち、入居者への思いやりを持つことができるような『年金大家さん』になればできることなのです。

【注意】

年金大家さんになることは、カンタンな話ではありません。ただし、きちんとやれば皆さんに十分可能性があるものなのです。大切なのは、しっかりと勉強をすること。勉強してチャンスを得ましょう、と私は皆さんに伝えたいのです。勉強ならばわずかなコスト（一般の書籍代）で済みます。ただし、ここで本屋に行くと「中古アパート」の甘い誘いがあるので、この横道にそれないように注意してください。

ローン完済後に照準を合わせた長期プランで…

基本的にアパート経営はすぐに結果が出るものではありません。仮に全額自己資金でまかなえたとしても、それを回収するまでには時間がかかります。始めようと決心するにも時間がかかりますが、アパートを取得し運営を始めた後はより時間がかかります。その期間には予測できないことが起こる可能性もあります。リスクを負うのはオーナー自身ですので、綿密な事前調査はとても大事です。

アパート経営のメリット、デメリットについては、本書以外にも多くの人が書籍等でいろいろとコメントしています。多様な意見を参照・比較してみるのも面白いかもしれません。

例）5000万円のローンを25年で組んだ場合。金利は元利均等の3％とすると、毎月の返済額は約23・7万円。私が所有しているような間取りの1棟4室の木造アパートでは1室の家賃が7・5万円ほどとなり（実際にはもっと高く貸すことができています）、4室で月30万円。（※この金額は、プラス要因として礼金等、マイナス要因として固定資産税・保険等を入れていませんのでご注意）単純にキャッシュフローは、月6～10万円位のプラスです。

アパート経営では立地・建物・管理を精査していることが前提ですが、毎月決まった家賃を得ることができます。当初25年または30年間はローンの返済がありますが、完済したら家賃の全てが収入となります。先ほどの例なら月30万円。通常の年金がもらえたとしたら、年金に加えてこれが別収入となり、十分にゆとりのある生活ができます。自分の時間をとられることなくしてこの安定収入は他の事業（コンビニ経営、クリーニング、飲食店など）や他の投資では、なかなか難しいものです。

アパート賃貸業に対する銀行の見方

たいていの個人事業では、500万円の融資を得ることは容易ではありません。一方アパートでは10倍の5000万円の融資すら珍しいことではないのです。一般の個人事業ではローンの借入期間は5年から10年。これが木造アパート賃貸業では25年から30年です。

では、融資を得やすい条件は何でしょう。ひとつにはサラリーマンを続けていると融資が通りやすい傾向があります。ひとつの会社で勤続3年以上ですとなお良いでしょう。個人事業主の方なら3期以上確定申告が黒字であるとベターです。

そして1000万円の自己資金を用意すること。それだけ貯蓄ができるということは、日本でも特殊な能力を持った人とみなされます。なぜならば、日本では人口1億2千万人もいて、これをやり遂げた人が少ないからです。また、1000万円貯金ができても、それを自己資金としてアパート経営を行おうとする人が少ないからです。これだけの資金があると銀行の融資担当者からも間違いなく、一目置かれます(1000万円なくても達成できている人もいます)。

加えて言えば、1000万円を活かそうという人で、私たちとは違う「不動産投資」で楽をしようという人もいます(本書では詳述しませんが、マンション1室からの投資では「管理組合」に縛られてしまうという問題がよく起こります)。また、税務上で有利かつ、定額固定資産、相続税対策となる木造アパートであっても、中古アパートを選択する人も多くいます。これもまた成功する道からのフェードアウト。目先・短期間の収益性は良いのですが、中古アパートは中途半端な建物です。

結果、新築アパート経営にたどり着く人はとても少なく、少数派＝レア、貴重であるというメリットが得られます。

より長く安定経営を維持する

より長く安定経営を維持するためには、キャピタルゲイン狙いではなく、インカムゲインを確実に得る手法で行うべきです。最小限の出費で、最大限の利益を得られるようにする。俗に「土地は三代でなくなる」（相続税の支払い、分割相続などのため）と言われますが、アパート経営ならばずっと続けられます。デイトレードのテクニックなどと違い、不動産経営は欧州の貴族が永年続けているように、工夫のし甲斐があり、なおかつ身につけたノウハウはずっと使えます。人が生きるうえで必要な衣食住の「住」をまかなう事業であり、多少法律が変わっても大きくやり方が変わることはありません。着実に、お客様のために事業を続けていればいいのです。一瞬の大金に目がくらむ人は無視しましょう。

自己資金の力

不動産には初期投資がかかります。頭金無しのフルローンというやり方もありますが、金利などを含めリスクが高くなるので、ある程度の自己資金を準備したほうが良いでしょう。ある程度の自己資金を入れていけば、あとは土地と建物が担保となり、万が一のことが起きても現在の生活への影響を最小限に留めることができます。スタートでつまずかない為にも、安易に開始できる方法（自己資金ゼロのフルローン）を選ばないほうが良いでしょう。

アパート経営でより収益を上げるには、より少ない費用で「土地」「建物」を取得し、より高い「家賃」で運営することがよいと考えられるのですが、これが単純にできるようなものではないことが難しいところ。より低い価格の「土地」を探していると、たいてい再建築不可の土地にあたり、そうでなくても都心ではなんらかの課題がある土地の場合が多く、安い土地は東京から離れた地方の土地ばかりとなってしまいます。

また「建物」の建築費用を下げようとすると、設備のレベルが下がります。基礎・壁・屋根などのグレードが落ち、または構造部分をコストダウンし、安普請の建物になります。

そして「家賃」を無理に上げようとすると、入居者が見つかりにくくなり、場合によっては空室を覚悟しなければならなくなるでしょう。もちろん、土地・建物・家賃の３つがより良い状態になるように検討することが一番大事だと思いますし、そこで良い工夫ができると他にはない差別化ができ、賃貸市場で勝ち抜けることになります。

それに加えてもうひとつ、アパート経営の収益性を上げられる方法があることにも注目したいと思います。それがオーナーさんの「自己資金」です。

同じ土地、同じアパート、同じ家賃でも、自己資金をどれだけ準備できているかによって事業の収益性が変わります。例えば人気のある吉祥寺・自由が丘・下北沢で事業を計画しても、土地建物総費用の50％相当の自己資金が準備できていると、銀行さんは気持ちよく融資を出してくれます。もっとも、この50％をポンと出せる人はごく少数派でしょう。

しかし、総費用の５％以下の自己資金の場合は、銀行さんはなかなか「融資できます」とは言ってくれません。アパート経営の収益性の見極めにおいて銀行は特に厳しいですから。自己資金が少なくなると「融資額・借入額」が増えて、同時に返済額・利息負担額が増えてしまいます。自己資金を準備することはとてもとても難しいことですが、これができた人はより安定したアパート経営ができることにもなるのです。小さなことからコツコツと、日々の積み重ねによって、大きな成果を生み出すことができます。

自己資金の額はどれくらい？

３年前に上梓した拙著『サラリーマン大家の「クズ土地」アパート経営術』では、自己資金は５００万円以上とお伝えしていましたが、最近は金融庁からの引き締めが厳しいせいなのか、銀行の融資も慎重になり、自己資金がどれほどなのかと注意して見られるようになっています。しかし、これについても前著書から完全に変わったわけではありません。

あなたの自己資金が５００万円でも不可能になったわけではありません。例えば自己資金が少ないけれど、早く新築アパートを取得したいという方、もしあなたが特別な属性であるか、または普通の属性でも特別な考え方と起業意識をお持ちならば不可能ではない方法もあります。ぜひ挑戦をする目的で私の所に相談に来ていただければと思います。

自己資金が５００万円以上、１０００万円未満の場合、簡単ではありませんがこちらも不可能ではありません。

また、現在自己資金が少ない人で、20年も待てないという方は一度、先駆者の成功例から自分がアパート経営を実行したあとの世界を体感してみてください。その一例として、私たちの運営している「オンリーワン勉強会」(http://www.odpt.net/lesson.html) をお勧めします。

この会には私と同様の成功例が80棟以上もあり、４００室以上の実績があります。そして、その事例は過去10年だけでなく、現在進行形です。「百聞は一つの実体験に如かず」です。

成功例を知れば、具体的なストーリーを思い描くことができます。そうすれば、自己資金を貯めるのも苦労ではなく「楽しみ」に変わることでしょう。

今の仕事を辞めない

くどいようですが、今の仕事を軽い気持ちで辞めないでください。

アパートを取得し、家賃収入が得られるようになっても会社をやめてはいけません。なぜならば、その収入（お金）は今使えるものではないからです。このお金を少なくとも3年、できれば5年手を付けずにキープできた方こそが「勝ち組」です。給与と家賃の2つが計算できるからこそ、後々の安定に生きてくるのです。

給与と家賃。この両方があると銀行からの融資も得やすくなります。銀行では最も安定した収入はサラリーマンの給与と見られています。事業所得の中では最も安定して定期収入があるものが家賃収入といわれています。これが実際に多くのサラリーマン大家さんが実績を上げて、継続できている理由です。ですからアパートを1棟といわず、数棟取得しただけでサラリーマンをやめてしまうことは良くないことです。

では私はというと、10年勤めた会社を辞めてしまいました。４棟21室のアパート経営をしていますが、部屋数は十分です。家賃収入も１８００万円あり十分です。しかしローンの返済もあり、毎月手元に残るのは、かつて一部上場企業にいたころと同等です。正直、辞めて失敗しました。これからアパート経営に取り組む皆さんは、10室程度では、決して会社を辞めようと考えないでください。また会社に勤めていることで多くの人と出会えますし、保険や福利厚生などサラリーマンが基本的にもつメリットは、とても大きなものです。

結論としては、サラリーマン（今の仕事）を続けながら、まずは、１棟４室アパートを、１棟だけ持つ。これで十分幸せです。この状態で3年くらい過ごして、返済もかなり進んだところで次を考えればよいのです。次の１棟を建てるもよし、繰上げ返済で更に負担を減らしてもよし、です。本業とアパート経営の両立は可能なのです。

住宅ローンは給与から払わない

もう一方で自宅を見直すことも大切です。自宅を購入するということは一家の大黒柱としても一世一代の決断。昔は「夢のマイホーム」という言葉が流行ったこともありました。しかし、ここには落とし穴があります。

政府の政策・戦略のひとつに住宅ローン政策があります。住宅ローンは、自己資金が少ない場合でも、高額のローンを比較的容易に組むことができます。

「少ない自己資金で、高額融資を」この手法は、日本が右肩上がりで成長していた時代は給与も年齢とともにほぼ確実に上がりましたから成功したのでしょうが、最近では年齢とともに確実に給与が上がる会社が少なくなり、誰でも安泰とはいきません。

「自己資金が少なくても、高額融資ができる」これは、私たちが経験しているアパートローン・事業用ローンではとても危険なことです。はっきり言えば、返済が苦しくなる過剰な融資に近いもの。しかし、国はまだ住宅ローンを推進しています。

確かに、低金利で長期借入ができるのはいいですが、その返済は給与または個人の所得から払うものとの前提があり、逆を言えばこの住宅ローンを組んだら、必然的にその給与から支払わなければならないのです。元金の返済だけでなく、銀行へ支払う35年の利息返済も確定してしまいます。政府が住宅ローン控除を作り、融資する銀行もまたこのメリットを宣伝し、ハウスメーカーも、不動産業者も宣伝として利用します。ともすると夢のマイホームを取得できるということで、一般の方が踊らされているようにもみえます。

お偉いさん達（お国）の策略に、はまってはいけません。給与で支払うことは悪いことではありません。自宅購入を決断して、職場でさらに良い成功をする人もたくさんいます。しかし、がんばっても給与が上がらない場合や、会社が倒産してしまう場合もあります。ですから防衛策として「二の矢」を検討しておくべきです。無策ではいけません。

その二の矢の準備となるのが最近広まってきている「賃貸併用住宅」です。住宅ローンに対する「一の矢」は今まで通り、給与など労働所得で支払うこと。そして「二の矢」は自宅の一部を賃貸して、家賃収入を得ることです。

銀行員さんの注意喚起

アパート経営においての最大のリスクはローンとなりますが、その点銀行員さんがよく言う言葉を真剣に受け止める必要があるでしょう。

私がよく聞くのは「まずは身の丈（責任が持てる範囲内）にあった借り入れがとても大事」ということ。

私も仮に全室が空室となったら、太刀打ちできないレベルの借り入れがあります。そうならないために、物件を持った後も近隣の空室率と家賃はチェックしていますし、入居者との関わり方にも注意をしています。それから業界人の言葉とその裏にある意味、いざというときのための貯え、いざというときに銀行がどう対応してくれるのか（据え置き、リスケ、追加担保）

ということまでも検討しています。

金利を見ると今は良い時代

近年は、収益物件を取得するために良い条件がまだまだそろっています。ここでは「金利」に焦点を当ててみましょう。

金利が低水準であること、過去40年を遡ってみても低い状態が続いています。サラリーマンが東京の土地を取得して、新築のアパートを建てることは本当に難しいことです。一般の銀行に聞いてみてもほとんど相手にもしてもらえません。

それでも私のアドバイスを受けた方々が収益物件を取得できている理由は、土地の選別とアパートの工夫に加えて金利が低いことで融資を受けやすくなっているからでもあります。これがいつまで続くかは断定できませんが、低金利のうちに融資を受けるのはとてもメリットがあります。仮に金利が上昇した場合、今後他のサラリーマンはより融資を得られにくくなり、自己資金を多く準備できているか、すでに取得している不動産を担保にできる人しか、アパート経営を始められなくなることが予想されます。

すでに銀行員さんも「この低金利のときでも、状況の良くない中小企業には融資ができない。収支が良い会社か、不動産など抵当権をつける価値のあるものを所有している会社にしか怖くて融資できない。しかし、そのような会社は少ない」と法人の融資には苦労をしているようです。実はこれもまた、収益性の良い不動産物件への融資が出やすい理由で、銀行はどこかに融資をしなければならない事情もあり、その行き先は収益性がよく担保価値が十分にある不動産物件に向かっているということのようです。

消費税対策として、中古ではなく新築

２０１２年5月現在、野田総理の意向もあり消費税増税が取りざたされています。それによれば２０１４年に消費税が８％、２０１５年には10％になる予定との発表がされています。アパートは大きな買い物で、自動車よりも高額ですから、特に増税の影響を受けます。消費税について法人では対策があるようですが、個人で物件を取得をする場合は大幅な初期コストアップになります。

建物価格が３０００万円では、現行より消費税が５％アップすると１５０万円負担増になります。もし銀行融資額がギリギリだったとしたら、増税後はアパートが取得できないかもしれません。ともあれ、消費税が５％のうちに物件を取得したほうが良いのは確かです。

経済評論家の方々は「消費税増税前に人々が物を買い占めて、一時的に物が売れる時期が来る」とコメントしていますが、収益物件に関してはやはり収益性を見間違わないことが大事です。安いからといってとんでもなく悪い物件を取得しても上手くいきません。

そしてもうひとつ、残り時間がないからと、時間がかからず購入しやすい中古アパートの購入を検討している方に注意してもらいたいことがあります。実は私も流されそうになったのですが、よく考えてみて気がついたことです。

中古アパートはある程度築年数が経過したものが売りに出されていて、購入後2〜3年で修繕が、場合によっては大規模修繕が必要になります。その修繕は数百万円、場合によっては1000万円以上かかるものも。消費税対策として急いで購入しても、その後の修繕費に消費税が掛ってしまうのでは元も子もありません。さらに、消費税増税前の特需で需要が過剰になり、中古物件ですべき大きな差し値ができなくなっている状態でしたら、なおさら注意をしたほうが良いと思います。

その点新築アパートでは、完成してしばらくは修繕コストがかからないメリットがあります。私の物件も建築して5年間、修繕をしていません。本当はしたほうが良いのでしょうが、これと言って必要ないのです。消費税増税のニュースに惑わされて思いもよらない間違った判断をしないように注意したいものです。

とはいえ増税まであと2～3年。この間に的確な判断をしてうまく対策を取りましょう。土地を見極めるのにも時間が必要。今年はゆっくりと過ごすのではなく、残り時間でどれだけの活動ができるのかが勝負となります。

アパートを取得しても、今の生活レベルを変えない

先ほどから「アパートを取得しても、会社を辞めないで」とお伝えしているとおり、老後の年金代わりとなる余裕資金を作るためには、アパート経営が軌道に乗っても今の生活レベルを変えない方が無難です。これには2つの意図が込められています。

第一に、大きなお金が入ったとしても、リッチな生活レベルに上げないこと。とはいえずっと上げるなというのではなく、少し余裕が出たからといって、すぐに変えてしまわないようにということです。お金は水ものですから、短期で収入が増えたと感じても、数年後には思惑が外れることが多々あります。そのときにリッチな生活レベルにしていると、過去の状態に戻すのが大変です。

そこで収入が増えても、2～3年現状維持とします。すると、少なくともお金がたまります。それをうまく活用すると、将来の予備資金を確保できますし、何らかのトラブルが起きた

としても対応できます。その後に、生活レベルを上げてもよいかと思います。

ここまで書いて思い出しました。邦画『マルサの女』です。俳優の山崎勉さんが、資産家役で、その資産の作り方・お金の使い方を、「コップの水」で表現していました。

1、まずはコップいっぱいに水をためる（その後、コップの水を飲まずに）

2、コップからあふれた水だけを飲む

こうすれば、コップの中の水は減らないのです。ただ、この手法は苦労がいると思います。相当なことがないと、時間はかかるし、精神力、根性が要ります。でも、日本ではこのようにできている人がたくさんいることも事実。

そして2つ目は、プラスの意味で「生活レベルを、ずっと変えない」ということです。日本では給与の下落がニュースとなっていますが、その逆を行くのです。

「現状よりも収入が上がってもよし、最低でも堅く現状の生活レベルを維持する」。そうすれば自然と世間よりもやや豊かな中間層にいられる」

これはとても大事です。いかに現状を維持するか、と考えることは決して後ろ向きの、堪え忍ぶだけのことではないのです。実は相対的にプラスの地位に行くための考え方でもあるのです。日本は「これから大きな成長がない」、「世界での経済的な位置づけが下がる」とも言われますが、まだまだあきらめることはありません。本書でずっと言っているとおり、皆さんの考え方次第で十分に対処できますし、伸びしろもあります。

確固たる目標を持ち、現状や今後の流れに満足することなく、少しでも改善しようと考え、問題に気づくこと、そしてそれを行動に移すこと。行動には情報を集め、勉強し、人の話を聞くことも含まれています。

「ずっと、生活レベルを変えない」これは最低限のこと。現状より悪くなることを希望する人はほとんどいません。あなたももちろん、そうですよね？

ですから、具体的に行動することです。私の推奨するアパート経営だけではなく、貯蓄、転職、起業、投資、外貨積立、マンション、ＦＸ……。いろいろな選択肢があります。それぞれに成功者がいて、失敗をした人もいます。個人的な向き不向きもあります。今後の道は、本人が落ち着いて冷静に選び、本人にあったものが見えて選別されることと思います。

もしも金利が上昇したら？

借り入れをするにあたって気になるのが、金利の推移です。現在は記録的な低金利時代が続いていますが、今後どうなるかは誰にも分かりません。ではここで金利差１％毎の返済額の比較をしてみましょう。金利が３％と４％でこれだけ変わります。

下の表をご覧ください。「結構変わるな」という印象でしょうか。それとも「意外に変わらないな」という印象でしょうか。

ではもうひとつ具体例をあげます。

借入れ金額……５０００万円・借入れ期間30年

初めの金利３％が、５年後に５％になったとしたらどうでしょう。

５年後（残金４４４５万円）に１２０万円（月＋２万円分）を繰上返済すると、月返済25・３万円

５年後（残金４４４５万円）に２４０万円（月＋４万円分）を繰上返済すると、月返済24・６万円

５年後（残金４４４５万円）に３６０万円（月＋６万円分）を繰上返済すると、月返済23・９万円

借入期間25年、30年の差は？

ローンといえば金利同様、返済期間も気になりますよね。ではこちらも、具体例を挙げてご

借入額 5000 万円、借入期間 30 年、元利均等返済方式

金利	3%	4%
毎月返済額	21.1 万円	23.9 万円
家賃 30 万円の場合、毎月の残金	8.9 万円	6.1 万円

説明しましょう。

6000万円の総費用、金利3％、月家賃30万円（7・5万円／室×4）の場合

自己資金1000万円で、借入金5000万円

・借入期間25年では、月返済額23・7万円

・借入期間30年では、月返済額21・1万円

金融機関によって組めるローンの長さには限度がありますが、木造アパートでも、次のようになっています。

・オリックス銀行は借入期間30年可（団信込、融資手数料1％）

・三井住友銀行は借入期間25年（団信別、融資手数料3万円）

＊以上は、過去の事例であり、今後活用するときは事前に確認が必要です。

長期借入は中古アパートやその他事業ではできません。これだけでも新築アパート経営のメリットが大きいことがおわかりでしょう。そして後述しますが、団体信用生命保険の威力も得られます。

第５章

サラリーマン大家の
成功法則 ～実践編～

いよいよ実践編です。まずはどんなアパートを建てるか考えます。まずは私の推奨する「王道型アパート」「S型王道アパート」「王道型賃貸併用住宅」についてご説明しましょう。

著者推奨のアパートプラン

1）小規模アパートの優等生『王道型アパート』
・世田谷区、目黒区などの城南地区での高級木造新築アパート
（ただし、王道型1棟4室・城南地区の必要自己資金が上がってきています）

2）サラリーマンに有効な小規模アパートが『S型王道アパート』
・23区、立川周辺、横浜周辺での機能性に優れた低価格1棟4室アパート

3）最近人気が出ている、住宅ローンを活用した『王道型賃貸併用住宅』

どんな物件がこれに当たるのかは、次ページに要件をまとめましたのでご覧ください。

王道型アパート
1．東京の城南地区（世田谷区、目黒区、渋谷区、杉並区）
2．土地の価格は坪150万円以下の一癖ある土地
3．プロ業者との協力体制が築ける新築
4．木造アパート
5．それも長屋形式
6．1棟4室アパート

S型王道アパート
1．人気沿線のちょっと郊外
2．人気のない坪60万円以下のクズ土地
3．プロ業者との協力体制が築ける新築
4．木造アパート
5．それも長屋形式
6．1棟4室アパート

王道型賃貸併用住宅
1．賃貸需要のある駅徒歩10分（地方でも可）
2．比較的に土地価格は安く
3．住宅ローンを利用
4．新築の木造アパート
5．木造アパート
6．1自宅2賃貸（1自宅1賃貸または1自宅3賃貸）の建物

この中でも特にお薦めなのが「S型王道アパート」。

誰もが賃貸経営に参加できない理由のひとつが、初期費用が高額であること。これに対して土地建物費用のバランスをとり、具体的にどうすればよいかを検討したのが、S型王道アパートの事例です。

では、このS型を例にとって、各ポイントの説明をしましょう。

ポイント1）「人気沿線のちょっと郊外で」

人気沿線とは東京の中央線、小田急線、東急線、京王線等です。

ちょっと郊外とは、超主要なターミナルの新宿駅・渋谷駅等から電車で30分以内の通勤圏です。その駅周辺にある大小の会社を合わせると世界的な大企業に匹敵する働き場所になり、かつそれぞれが独立しているため、働く人が常に必要とされている場所だからです。

アパートでは家賃を払ってくれる入居者が少なくなった時には、売れない商品と同じで本当に苦労しますから、潜在的な入居者が多いところが良いのです。また「30分」の理由は、一般的なサラリーマンができるだけ少ない自己資金で始めるために、東京23区内で土地を探すにはとても苦労することと、土地価格がまだまだ高額なため費用のバランスを取っています。もちろん、さらに都心を検討することは良いことです。ただ、30分ほどのところに坪50～60万円の土地が眠っていることに注目しています。

また、30分を超えると家賃相場が下がってくるので射程圏外です。入居付け、家賃維持に苦労をしては、安定経営に黄色信号がともります。

ポイント2）「人気のないクズ土地を探して」

実は、世の中で見過ごされている「クズ土地」こそ、問題解決の入口なのです。

人気がない、ということは一般的に見てデメリットです。

土地の評価額を見ても、整形地より、敷地延長の土地（路地状敷地。これについては後ほどご説明します）の価値は下がります。しかし、その分土地をより低い価格で購入できることにもつながります。

さらに高額な整形地と、これに隣接した敷地延長の土地に同じような床面積の同じような仕様のアパートを建てた場合、家賃は「変わらない」のです。それなら、土地価格が安い方がいいに決まっています。それどころか建物が道路に面していない分、静かであり、防犯性も良くなるとも考えられます。

アパート経営で収益を上げる方法は「より多くの収入・家賃を得ること」と「より少ない費

用・経費で抑えること」。アパート経営においては、このようなクズ土地は『収益が上がる価値のある土地』なのです。

また、戸建ての売買が圧倒的に多い中、売主さんもこのクズ土地を売ることに苦労している為に、少しだけ価格交渉に応じてくれる場合もあります。

世間の大多数とアパート大家の考え方の違いを認識すると、これだけで1000万円以上の差益を得られることもあります。逆に整形地を購入してアパートを新築した場合、収支面で銀行から見てゆとりのある黒字とならないため、融資を得られないことが多いものです。

ただし、このクズ土地で注意したいことは、接道幅が2mない再建築不可の土地や、路地状部分で絶対有効2m（塀や障害物もNG）が確保できて、アパート建築後の検査済証が得られることが絶対条件ですので、このポイントの事前調査や勉強も忘れずに。

ポイント3）「プロとの協力体制が築ける新築で」

ここまでも新築のメリットは説明してきましたが、新築であることの1番のメリットは、設計士&施工業者&関連業者さんとの信頼関係が築けることです。

土地を購入し、建物を取得することはスタートとして大事ですが、2年目以降は数十年かけてアパートを維持していかなければなりません。そんな時、オーナー以上にそのアパートに詳しく、思い入れのある人たちが設計・施工をした関係者です。もちろん、プロですから建築に関する知識も豊富です。

新築アパートのオーナーは、その人たちと契約をし、約束通り対価を支払い、ともに完成の喜びを分かち合ったチームですから、信頼関係ができています。

中古アパート（オーナーチェンジ）の難しさはここにもあります。

設計施工をした人たちにとって、新築のオーナーが物件を売ってしまうことを否定はできないものですが、がっかりとしてしまいます。また、二番目のオーナーと当初のオーナーと同様の関係を築けていることはほとんどありません。

中古アパートの二代目大家が、初代オーナーが有していた関係者からのサポートと豊富な知識なしでアパートを維持していくことは特に難しいのです。私も最近、多くの方から苦労話を聞いています。

もうひとつは、設計段階からオーナーが選択・判断ができる新築だからこそ、想いと工夫をアパートに埋め込んでおくべきだということです。特に、サラリーマン大家さんは若い人が多く、本業で忙しいですし、特に目指すべきは「年金対策」である場合が多く、そのためには、ローンの完済後、最低20年（実際はそれ以上）は、アパートが元気に稼働していてもらいたいものです。

ローンがないアパートを十数年以上所有できている大家さんは「最強」です。

それがさらに、基礎・躯体に力を込めた元気なアパートであればこそなおさらではないでしょうか。この点も、ぜひ勉強する価値があるポイントです。

ポイント4）「木造アパートはいいことづくし」

王道チームの矢島建設工業（株）の石原さんの受け売りでもあるのですが、四季があり、気温差・湿度差の大きな日本の気候に最も適しているのは「木造建築物」。木材は適度に水分を含み、膨張・収縮を繰り返しています。

また、「風通しのよい〇〇」という表現が日本にはありますが「思いっきり窓を開けて、風の抜ける家・部屋が良い」というのは、大工の菅さんの言葉。マンションなどでは高気密すぎるものがあり、実は良くないのだそうです。

これは一例ですが、第一のメリットは建物の中で木造が最もコストがかからないこと。

新築コストだけでなく、建物が軽いため、地盤改良もローコスト化、さらにはメンテナンス費用もローコスト。修繕では特に、一般住宅でも木造は2階建が多いため一般戸建てと同様の作業となり、ローコストです。

さらには、解体費がRCとは大きく違います。コンクリートを壊すには手作業では無理。重装備の機材が必要ですし、コンクリートの廃棄費用もかかります。解体費は木造の場合100～150万円台で済むでしょうが、RCでは500万円から1000万円を超えるものもよくあるそうです。

もう一つ、中古物件で気を付けないといけないのはアスベストです。メンテナンスを含めると相続人となる子供たちに重い負担を引き継がせることになります。

ポイント5）「それも長屋形式で」

長屋形式の比較となるものは、外階段・外廊下のある共同住宅ですが、まず東京都の敷地延長の土地ではこの共同住宅が建てられません。ですから、土地のコストダウンが図れないデメリットがあります（唯一、川崎市では可能な場合があるようです。これは裏技？なので、私に質問してください）。

もう一つは、共同住宅では窓先空地を確保しなければならず、その空地の分の建物を境界から後退させる必要があり、結果として居室面積が小さくなり、家賃（＝収入）が減るという難点もあります。

また、長屋式では階段部分も各室の専有部分となります。この階段においても、外階段では堅い靴であがるとカンカンと高い大きな音になりますが、専有階段では靴を脱いで上がるので

☆**長屋式建物、共同住宅式建物の比較**

○　東京都では共同住宅で窓先空地が必要
　⇒　建築面積が小さくなる
　⇒　床面積：　共同住宅　＜　長屋式
○　２階への階段は、２階の部屋の占有面積
　⇒　２階占有面積：　共同住宅　＜　長屋式
×　長屋式では階段が２階の各室分必要
　⇒　初期コスト：　共同住宅　＜　長屋式
○　共同住宅では階段・廊下の修繕・掃除、共用部電灯代が必要
　⇒　経年コスト：　共同住宅　＞　長屋式
○　共同住宅の外階段は靴音がうるさい、長屋式では靴下での足音であり低減
　⇒　遮音性：　共同住宅　＞　長屋式
○　風雹雪被害：　共同住宅　＞　長屋式

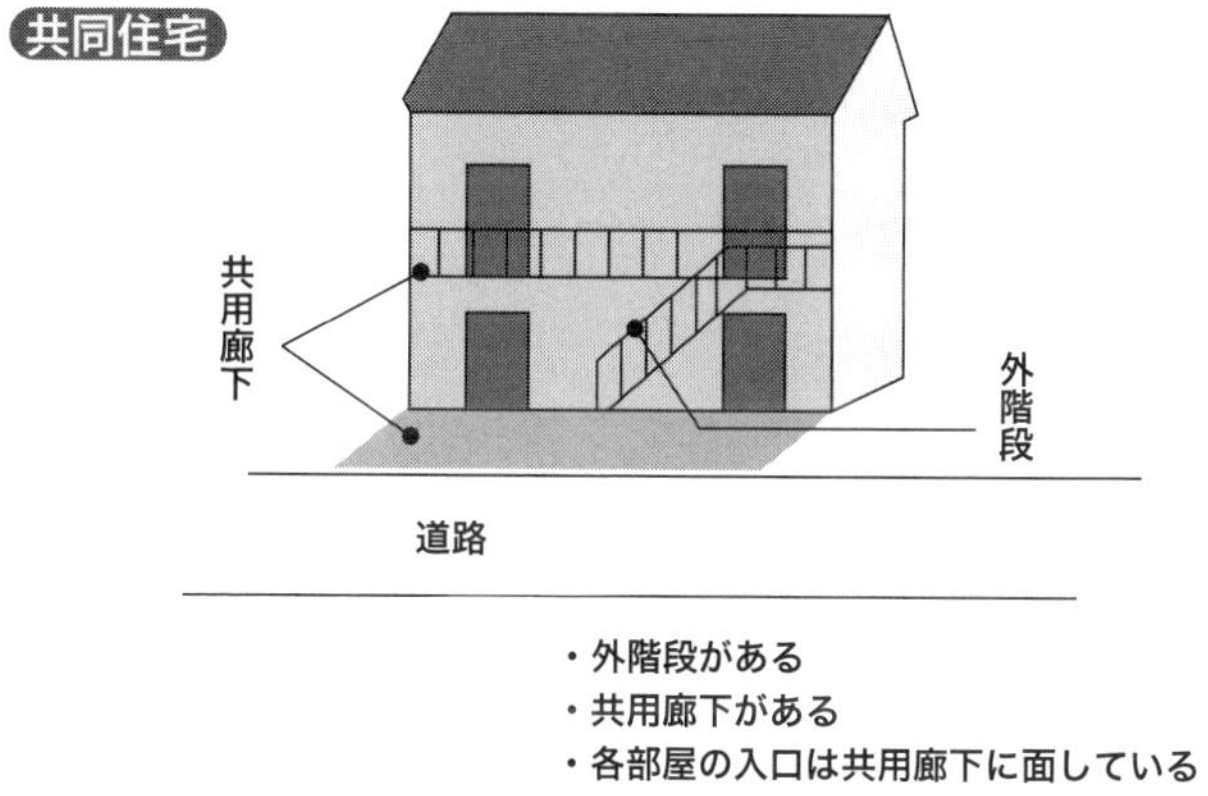
共同住宅
共用廊下
外階段
道路
・外階段がある
・共用廊下がある
・各部屋の入口は共用廊下に面している

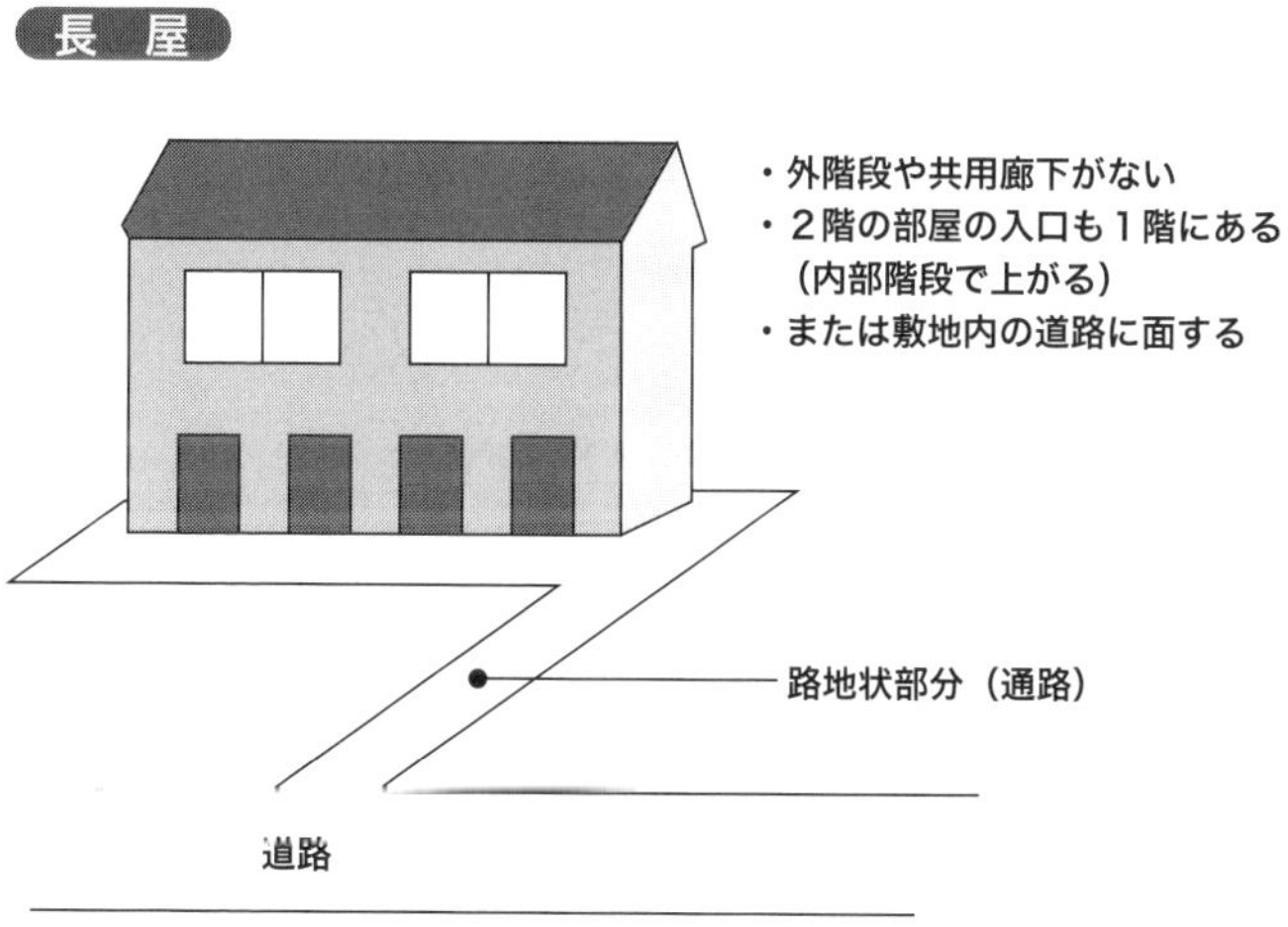
長　屋
・外階段や共用廊下がない
・２階の部屋の入口も１階にある
（内部階段で上がる）
・または敷地内の道路に面する
路地状部分（通路）
道路

比較的やわらかい音です。その他にもありますが、ここまでにしておきます。

ポイント6）「1棟4室アパートでコストパフォーマンスアップ」

これについては、キーワードを並べてみます。

・トータルコストが小さい、これにより融資が下りやすい
・全室3方向に窓（通風・採光）、建物の形状が安定
・重心に水回りを持ってきて重心安定化かつ対階段の遮音効果
・隣の部屋との居室の距離を離せる
・忙しいサラリーマンには最小レベルの入居者数の管理（質の向上）
・ゴミ問題の低減、スモールビジネスであり経営入門・大家入門にも最適……など。

大きなアパートほど自己資金や自己の属性が影響するので、コスト面・リスク低減面で1棟4室アパートを選択・検討する価値があると思います。

特に、目標を年金代わり、または年金プラスアルファとするならば、毎月25～30万円の追加収入として考えるにもこのサイズが合っています。

不動産だけに、何らかの形で1棟持ってしまうと、後に引き返すことや修正することは購入

以上に難しいことになるので、始める前の検討には念には念を入れ、精査をしてください。

自分で考えたことがオーナー自身に戻ってくることは、アパート大家の面白さでもあります。リスクもその逆で自分に降りかかってきますので、やはり情報収集と勉強が大事です。

『土地探し』から『アパートの運営』までのステップ

【土地探し】

物件を取得する際、私は毎日土地情報を見ています。検索条件が厳しいので、これと思うような土地が毎日出てくるわけではありません。それでも、面白い土地があります。こうした面白い土地は、収益だけを追っている人には見えてきません。

収益性だけを追っている人は価格を見ます。私たちの方法では徹底して「空室が出ない土地」を探します。ここにも独特の世界があり、東京の一等地がベストかというとそんなことはありません。一等地は土地が高すぎ、建物を建ててもそれに見合う家賃が取れません。月に50万円以上を取れる部屋を作るのなら可能かもしれませんが、サラリーマンが少ない部屋数でこれをやると、1室が空室になった時に、一気に苦しくなり、不安定になります。

『土地探し』から『アパートの運営』までのステップ

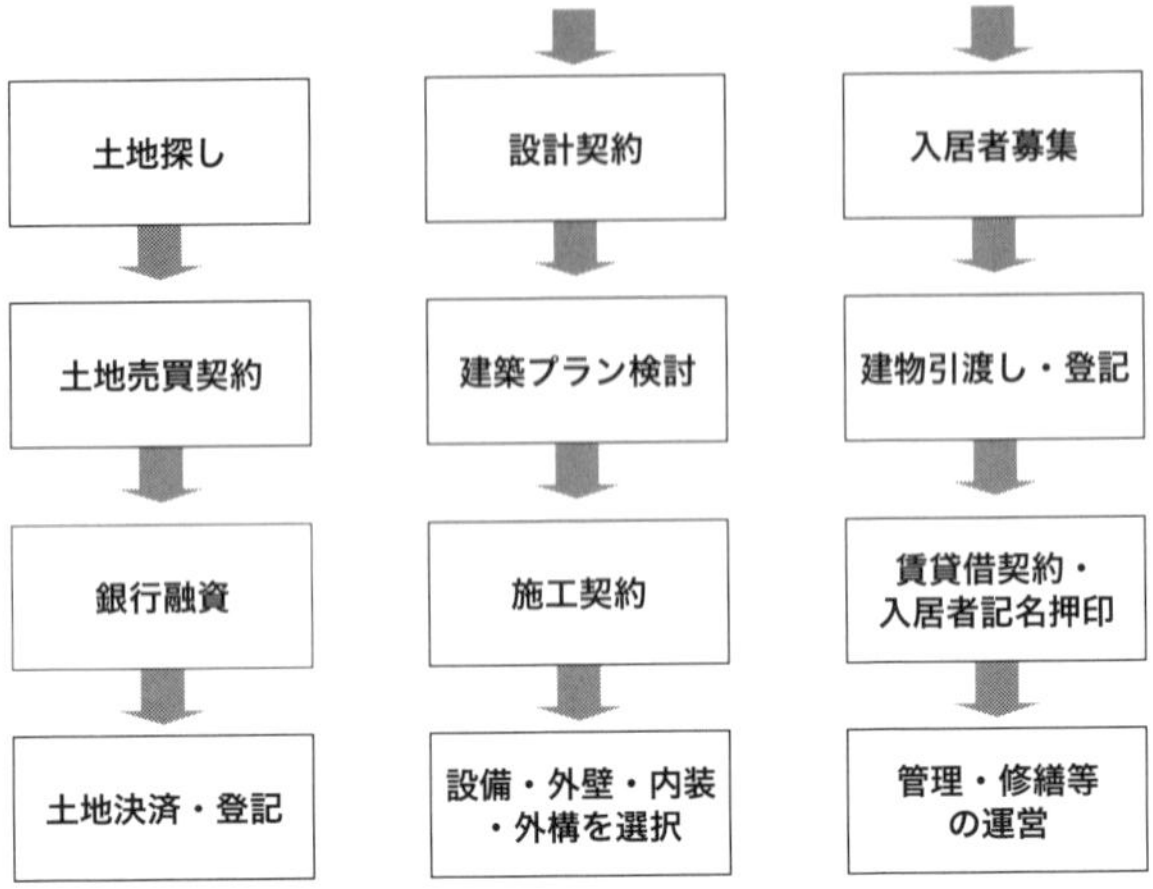

「空室が出ない土地」とは限られた条件を満たし、バランスが良い土地です。いたずらに収益性を目指さず、身の丈にあった土地でアパートを楽しく経営をする世界もあります。

●5分、7分、10分の土地

23区内や主要駅では、徒歩10分以内。それ以外では徒歩7分以内とします。

同じ間取りと年数の建物が建ったとしたら、駅から近いものがより便利です。まだ徒歩10分圏内は良いレベルです。ですから、駅から10分を超える土地はより不利な条件ということになりますので、やめてください。

たとえ賃貸併用住宅でも一部を貸すのですから、条件の良い土地を追求していくべきです。それは安定したアパート経営を勝ち取るためです。

次ページから、土地を取得する際に使えるチェックシートを掲載します。コピーしてご活用ください。

●サラリーマン時代の私の土地の探し方・実例

私がアパート経営に取り組み始めたころはサラリーマンでしたから、土地を探す時間など十分にはありませんでした。そうした中で、私が実行した物件の探し方についてご紹介します。まとめると、だいたい次の４パターンに集約されます。

1、インターネット
2、土地情報誌・広告・チラシ
3、不動産屋に訪問
4、不動産投資勉強会に入会

1．インターネット

インターネットは何事にも大変便利。特に情報収集面では威力を発揮します。検索機能を利

土地を見に行く前のチェックポイント

●土地情報　⇒
住所 ／ 測量図 ／ 接道 ／ 有効2m確保 ／ 建蔽率 ／ 容積率 ／ 高度地域 ／ 擁壁 ／ 古家の構造 ／ 水害 ／ 水道管ガス管 ／ 公道私道 ／ 私道持分 ／ 掘削許可 ／ 都市開発計画 ／ 高低差・傾斜 ／ 車がどこまで入ることができるか ／ その他メリット・デメリット ／ グーグルのストリートビューも有効

●居住者　⇒
商店街 ／ 公共施設 ／ 公園 ／ 駅時刻表 ／ 急行・各駅 ／ 主要駅からの距離 ／ バス時刻表 ／ 防犯情報

●オーナー　⇒
土地相場 ／ 公示価格・路線価・基準地価 ／ 売主 ／ 登記簿・抵当権 ／ 情報公開時期 ／ 公開価格変遷 ／ 値下げ余地 ／ 家賃相場 ／ 競合賃貸情報 ／ 駅時刻表 ／ 駅乗降者数 ／ 地域情報

物件現場でのチェックポイント

●建築プラン　⇒
接道・有効2m確保 ／ 境界・鋲・杭 ／ 塀・柵 ／ 隣接建物の凹凸 ／ 隣接建物の窓 ／ 擁壁 ／ 古家構造 ／ 水道管径 ／ 高低差 ／ 車がどこまで入ることができるか ／ 草・樹木 ／ 穴・溝 ／ 切土・盛土 ／ 河川 ／ 電柱 ／ 近隣駐車場有無

●居住人　⇒
駅徒歩距離 ／ 駅前の雰囲気 ／ 商店街からの距離 ／ 街灯・公園・街並み ／ 交通量 ／ 近隣住人のコメント ／ 隣地ボイラー・室外機・換気扇 ／ 騒音 ／ 学校 ／ 高圧線 ／ 日当たり ／ 風 ／ コンビニ・スーパー ／ 病院 ／ バス停 ／ タクシー乗り場 ／ 駐車場 ／ 住みたいと思えるか

●オーナー　⇒
近隣アパート稼動状況 ／ 賃貸マンション ／ 開発計画進捗 ／ 立て看板（他売買業者＋近隣計画） ／ ごみ収集場 ／ 野良猫 ／ 駅前にきちんとした不動産屋があるか ／ 地元業者の家賃相場 ／ 住みたいと思えるか ／ 現地不動産業者と話し込む

☆相場より安いものには必ず理由あり→リスク確認・値下げチャンス

用し、必要な情報を絞り込んで閲覧できるのがいいところ。Ｙａｈｏｏ！不動産、ＳＵＵＭＯ、ａｔｈｏｍｅ、三井リハウス、東急リバブルなどの各サイトは情報量が豊富で、頻繁に更新されているため便利。土地や建物の売り情報には「確定利回り」や「想定家賃」という表記がよくありますが、私はそれを確認するため、「家賃相場サイト」「賃貸情報誌」で家賃相場の確認もあわせて行っていました。

2．土地情報誌・広告・チラシ

新聞に入ってくる「広告・チラシ」、新聞記事の下の「不動産情報欄」、街中の「フリーペーパー」、コンビニで販売している「住宅情報誌」などは情報の宝庫。毎日が赤ペンチェックの日々でした。毎号のようにチェックしていると売れて情報がなくなったもの、売れなくて値下げをしたもの、ずっと変化がないものなどがあり、次第にその地域の物件の動きや相場、街の魅力などが分かってきます。情報はネット上にあるもののほうが早いのですが、網羅的に見られるのが紙媒体のいいところです。

3．不動産屋に訪問

紙やネットだけでなく「人からの情報」も重要です。私自身、地元の不動産屋さんから多くのことを学びました。私がいつも聞くのは、『過去5年ほどの市場環境の変化』、『家賃相場の変遷』、『空室期間の長さ・短さ』、『管理の仕方』、『不動産を売る人・買う人の理由』、『入居者の希望条件』などです。

私自身が「その街に長く住みたいか」「魅力のある街と感じられるか」「その不動産屋に今後も仲介を依頼して長く付き合いたいか」といった視点で話を聞かせていただきます。不動産屋は長年の経験をふまえ、現在の不動産と賃貸の動向をつかんでいるので、その生の声、現場の声を聞くことは非常に重要だと思います。

なお、不動産屋へ行く前には、情報誌やインターネットで訪問したい店や、めぼしい物件を事前に調べておくとハズレがないでしょう。

4．不動産勉強会に入会

アパート投資を行っている、または志している人が多く集まっているグループに入会するのも手です。特に私たちの勉強会には多くの大家さんがいて、城南地区や東京のアパート用地を購入した実績があるので、かつてお世話になった業者さんからも土地情報が集まっています。

●現地を見ること

良い土地の情報は、ネット上に少しだけ出てきても、すぐに消えてしまうものもあります。そして、ネット上だけではわからないこともあります。それは実際に現地を見に行き、確認することで何倍もの情報を得ることができます。

ネット上にある情報は最低限の情報と、現状よりも「よく見せている」情報でもあり、現地に行くとその価格に納得という状況も多々あります。逆にネット上ではシンプルな表現であっても、現地に行くとますます魅力的に感じる売り地もあります。どちらの事例でも、やはり現地を確認することが大切です。

なお、現地確認の際はカメラもお忘れなく。

カメラの撮影では、正面、左側の隣地との境界線（下側）、左側の隣地との境界の上側（空中に越境物がないか隣地建物チェック）、右側の隣地との境界線（下側）、右側の隣地との境界の上側（空中に越境物がないか隣地建物チェック）、前面道路の左側、前面道路の右側（工事車両が入らない場合は建物のコストアップになりますので要チェック）、という最低7枚の写真を撮っておくと資料として使えるので良いでしょう。オンリーワン勉強会ではこれが買付けに影響します。

●土地探しでは現地確認が必須…その実例

先日いくつか見た土地の中に、みごとな「がけ」に面した土地がありました。23区内にもまだ「がけ」があるのですね。坪80万円を大きく切る土地でしたが、それなりの土地でした。敷地の背面に、高さ15ｍほどのがけのある土地で、そのがけにはよう壁（擁壁。斜面の崩壊を防ぐための構造物）がありません。現地は更地で、駅からの距離も価格も良かったのですが、ここに普通にアパートを建てることができたとしても、万が一大雨でがけが崩れたら、大変なことになりますので、ＮＧでした。

ちなみに仲介業者さんからは、測量図などをいただいた時に、なぜ価格が安いのかについては、「高低差がある」とだけで、15ｍのよう壁のない「がけ」、とまでは伝えてもらえませんでした。このような情報操作は、正直多々あります。

ですから土地情報（書面）だけで判断をせず、必ず現地を見ることが大切なのです。土地価格が相当安い場合は何か理由がある場合が多いので要注意。まずは現場確認をしてください。

●雨の日こそ、現地の確認を

雨は恵みの雨とも言いますが、一方で災害を引き起こす怖いものともなり得ます。そのため、土地の現状を確認する際、雨の日にしか分からないこともありますので、きちんと確認しておきたいものです。

1）駅から、現地までの道路、その側溝を確認します
2）雨水がどちらに流れているのか、近くに小川や暗渠（あんきょ）がないか
3）雨水が異常に溜まる場所は、地域内でも土地が低く、避けたほうが良い土地

現地確認に加えて、過去の水害を知ることができ、今後の注意度合いをも知ることができる「ハザードマップ」も確認しておきましょう。「雨の日の現地確認」と「ハザードマップ」はとても有効です。今後、大きな被害を受けないために必須です。

国土交通省　ハザードマップポータルサイト
http://disapotal.gsi.go.jp/

このサイトにあるものは、
・洪水ハザードマップ　・内水ハザードマップ　・高潮ハザードマップ
・津波ハザードマップ　・土砂災害ハザードマップ　・火山ハザードマップ
などです。これを見はじめると眠れなくなります。とくに、洪水ハザードマップは、洪水の危

険が身の回りにこんなに多いのかがわかります。土地探し・土地選びの時には、要チェックです。もう一つ、このハザードマップだけでなく、役に立つのが現場の言葉。つまり「区役所、市役所に直接、訪問して聞き込むこと」。これも、とても効果的です。

●休日と平日の違い（朝のラッシュと賃貸需要）

ある金曜日、遠方からアパート用地の確認のため、都心までこられた方に聞いたところ、「休日に比べて、平日の朝の電車の混み具合にびっくり」したとのこと。通常は土曜・日曜の休みを利用して東京に来ることが多かったため、平日の混雑ぶりに驚かれたようです。

同時に、これだけの人が通勤している街は地方ではまずないことから、東京の賃貸需要について確信が持てた、とその方はおっしゃっていました。朝のラッシュは、毎日経験している人にとっては辛いだけのものですが、アパート需要をはっきりと確認できるものです。特に実行すべきか判断に迷ったときなどの現地確認法のひとつとして、「朝のラッシュ時」に最寄り駅を見ることで目的の立地の可能性が見えてくるかもしれません。

●必要なものは時間が経つと見えてくる

何が必要で、何が必要でないか？

何が正しくて、何が正しくないか？

それを知るためには「ある一定の時間をかけること」が良いでしょう。時間を掛けずに判断してしまうと、目の前のもの、表面的なものしか見えません。

この「時間の使い方」は、不動産を買うときに特に気をつけてください。とにかく、慌てないことが大切。店に並んでいる商品から好きなものを買うことに慣れてしまっている日本人にとって、家が欲しいと思ったとき、自分に合った土地、建物やマンションがあるはずと思いこんでしまう傾向がありますが、本人にあった物件が2、3日で見つかるケースなど、まずありません。1週間でも珍しいくらい。そんなことはわかっているという人でも、3ヶ月、半年と経つとそろそろ住みたい地域の物件相場も把握でき、この値段が手頃、ベターなどと良い判断ができるようになります。

例えば、子供の入学までに月日がないとき、住宅取得優遇政策や税制改正の期限があるとき。そして、業者のセールストークに負けてしまうとき。このようなときには、特に買い方に注意しましょう。本当に良い土地、建物はそれほど短期には出てきません。

少なくとも1年、土地情報を見続けること。自宅は一生に一度の買い物、とも言われますが、そんな「家」をたった1年未満の期間で決めてしまうのはもったいないと思いませんか？

だから私は、時間をかけて土地・建物を探してもらいたいと思うのです。

必要なものほど、時間が経つとしっかりと見えてくるものですから。

また自分と家族の将来設計がしっかりできていれば、あわてて自宅を購入することもないでしょう。あなた自身のためです。

●サラリーマン大家に適した土地とは

では、実際にサラリーマン大家を始めるためにふさわしい土地とは、どんな条件が揃えば良いのでしょうか。

サラリーマンに適した土地とは

・大きさ　1棟4戸（または1棟2戸の戸建賃貸）
・土地価格　3500万円以内（総額7000万円以内／諸経費込）（戸建の1・5倍以下）
・面積　35〜50坪（ニッチ・不動産投資家が敬遠・分譲戸建競合せず）
・敷地延長（路地状敷地）
・環境　東京近郊以内
・通勤　主要駅30分以内、駅徒歩7分以内

・オーナーの自宅から近いとなお良い
・計画上、家賃が返済額を上回ること

【土地取得】

下調べが十分に済んだら、いよいよ土地の取得に入ります。まずは流れをチャートで確認してみましょう。

●検討物件を見送るとき

検討していた物件の取得を見送ることも、しばしばあります。

そもそも安定して収益が出る土地を探すにあたって、その土地条件はとても厳しいものです。それでも良いと思える土地が見つかって、はじめて現場を確認し、建物プランを検討します。

こうすることで、さらに土地について詳しく知ることができ、目標達成に近づきます。

しかし、土地情報（たとえばマイソクという1枚の土地情報）では、なかなかその土地の詳細な情報を得ることができません。次に、測量図があるとスケールや、方位がわかり、接道状

土地購入までの流れ

土地探し	買付け申込み	売買契約	土地引渡し
●相場を観察（地域、土地勘、不動産情報誌等）	★土地条件確認（制約条件は？課題が解決できるか？要望明記）	●契約内容の確認	★ローン特約がある為、銀行融資が確定後、すぐ不動産業者に連絡（有効期限までに連絡しないと契約が無効になる場合あり）
★プランを確認（将来の計画、手取り、投資利回り、ローン終了後価値）	●買付け依頼を入れることにより一般的に優先権が得られる	★ローン特約を必ず付ける（銀行融資が下りなかったら、契約取消し・手付金払戻し・売買手数料の支払い無し）	●銀行にて代金・売買手数料等の支払い
●自己資金の確認（融資を可能か）	★相場より割安なものはスピードが大切（割安＝利回りが良い＝競争率が高い）	●重要事項説明書の読み合わせ（違約金の内容と瑕疵内容に注意、不明確な点を無くす）	●代金支払日＝登記手続き開始日（司法書士立合い）
	●土地は『縁』	●手付金の支払い	

況も見れ、なお詳しく建物を検討することができますが、それでもまだ不十分です。現地を見て、収支を検討して、その結果「今回は見送ろう」という結論になることも当然あります。

「見送る」ことも大事な判断ですし、悪いことではないのですが、もう一つ大事なことがあります。それは、「見送る理由」をはっきりさせることです。

これを確認しないと、なんとなく土地を見ただけの雰囲気で終わってしまいますが、見送った理由をあらためて確認しておくと、それは次の土地探しにつながります。

駅からの距離、駅からの道のりでのスーパーやコンビニの有無、街の雰囲気、道の明るさ、家並み、特に気になるものがあるなど、理由はそれぞれですが、これがはっきりしていると、今回見送った物件が次への「指標」になります。そして、着実に目的の土地に近づき、目標を達成できるのではないかと思います。

●狙い目の「路地状敷地」（旗ざお型の土地）とは

本書で言う「クズ土地」の中でもよくあるパターンが、こちらの路地状敷地。前面道路の整形地より、価格が低いのが最大の特徴です。しかし、実際に同条件のアパートを建てたとすると、隣接する整形地と路地状敷地、家賃は同じなのです。これは先ほども申し上げたとおり。

路地状土地は、極レアな物件ではなく、結構あります。なぜなら、屋敷の敷地分割で起こりうる区画だからです。こうした土地をわざわざ狙う投資家、ライバルは少ないのが現状で、まさに狙い目です。なぜライバルが少ないのかというと、大型投資家はこの手の「クズ土地」をわざわざ狙うことはしませんし、戸建てを立てようと思うと駐車場が必須だからです。

ポイントとして、接道幅が2～2．5メートル取れるのが良いでしょう。共用部が少なく、居住面積の多い長屋式建築物が建てられるというメリットもあります。ただし、接道が2メートル以上かつ路地状部分に障害物がないことを確認しておきましょう。

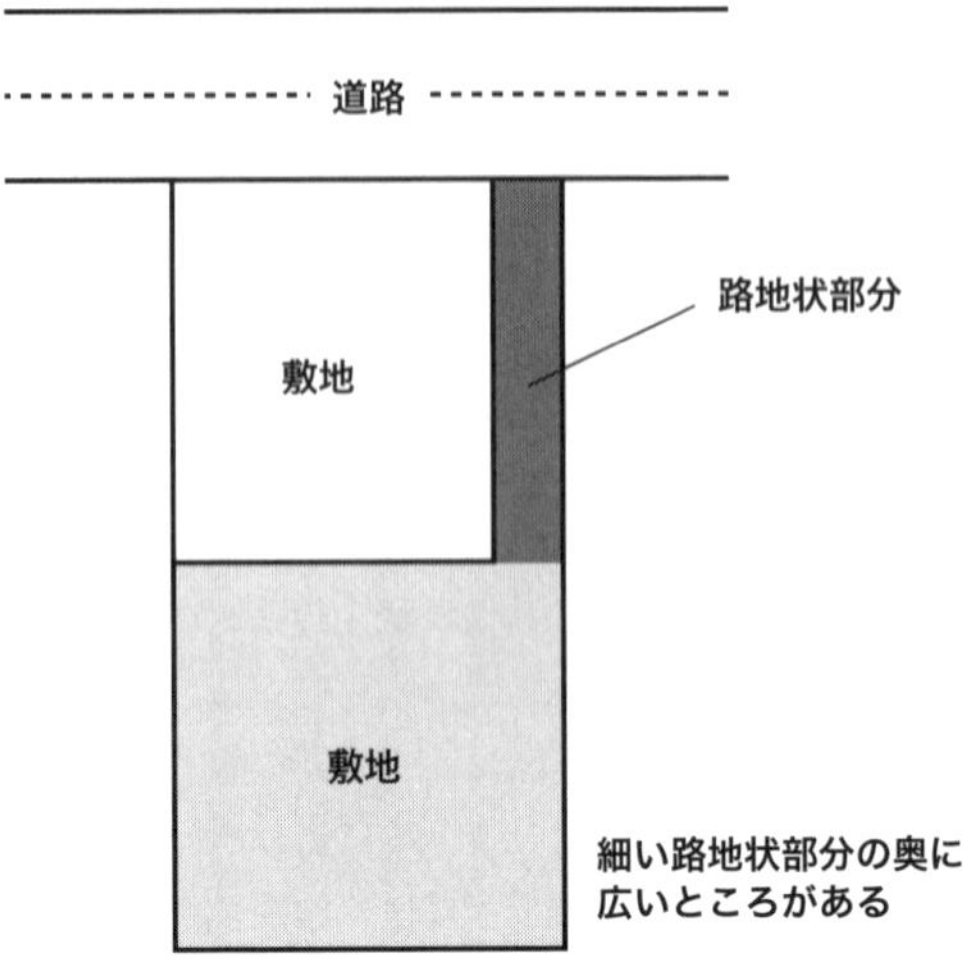
道路
路地状部分
敷地
敷地
細い路地状部分の奥に
広いところがある

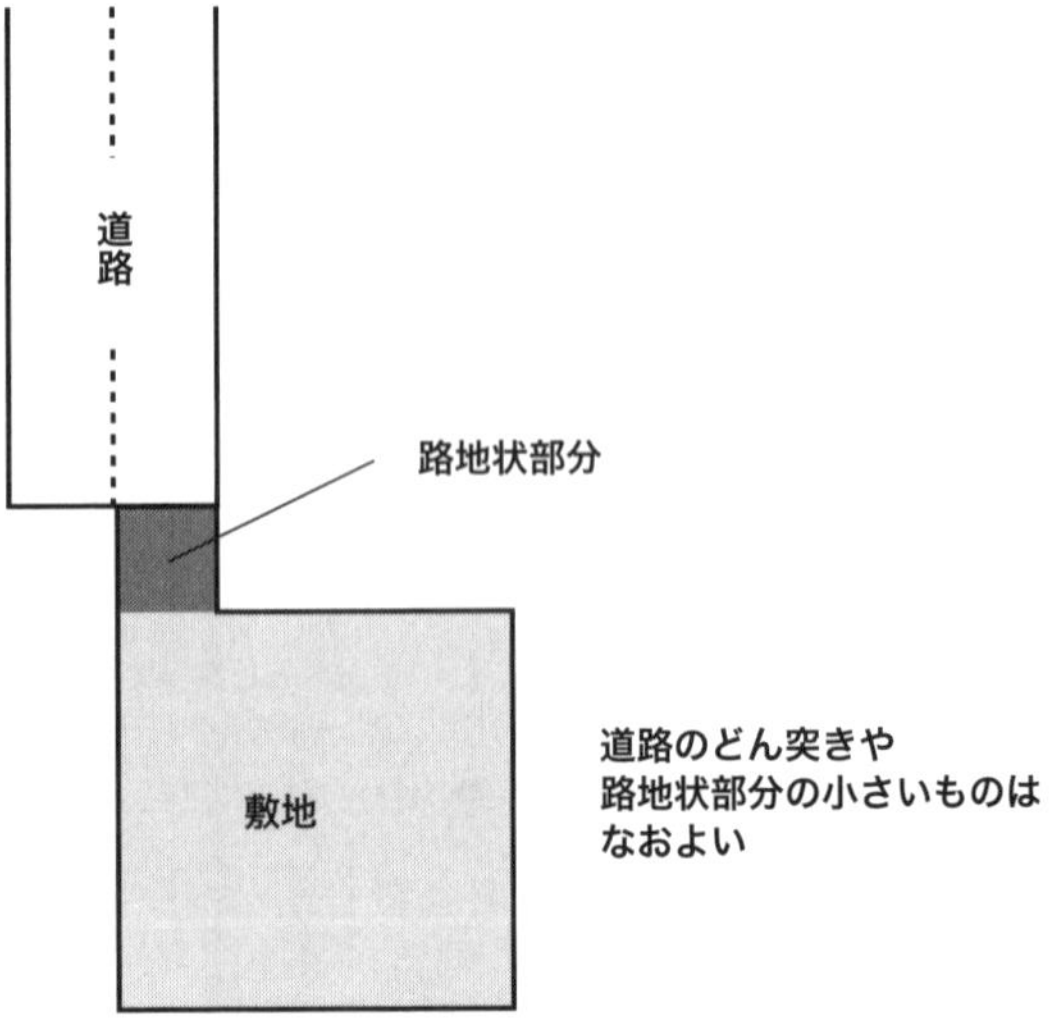
道路
路地状部分
敷地
道路のどん突きや
路地状部分の小さいものは
なおよい

●1センチも譲れない！ 有効2m幅の避難用通路

建築基準法上、道路に2メートル以上接していない土地は、「再建築不可」の土地となります。これは、有名な話ですね。

土地探しをしていると、特に価格が低い土地を発見し、「えっ」と思うことがありますが、よく見ると土地情報の中に「再建築不可」と表示されていてがっかりする（またはやっぱりと思う）ことがあります。

この「接道2メートル」に対する注意に加え、もうひとつ絶対有効2メートル幅の「避難用通路」の確保が必要になります。路地状敷地にアパートを建てるときは、特に注意しましょう。以前は、2メートルの棒を持って歩き、棒が障害物に当たらないこと、と表現していましたが、それに加えて、王道チームの小櫻設計士からの助言がありました。

「直径2mの大きな球体が通路内をスムーズに転がること」

つまり、境界線に接触しても、ブロック塀に接触しても、塀を支える基礎に接しても、隣地からの越境物（屋根など）に接しても不適合となります。以前私が見た山手線駅至近の土地は価格が良かったのですが、隣地の屋根が越境しており、絶対有効2メートル幅の避難通路を確保できないものがありました。また別の例では、北千住駅至近の土地で再建築不可ではないのに、驚くほど安い価格の土地が出ていましたが、隣地建物の窓の上の庇（ひさし）が越境しており、かつ隣人が建築工事に大反発していたというケースもありました。土地価格が低くてもNGです。近隣事情に関しては土地情報に出ていないことも多いので、特に現地調査が大切です。

●土地の取得方法での工夫

土地取得時の交渉で売主さんが不安になることのひとつに「買主が決済できるほどの背景がある人なのか？」ということです。極簡単に言えば「ちゃんと払ってくれるの？」ということです。買主としてはどのように説明すればいいでしょうか。

良いパターンは、事前に融資を受ける銀行と話をつめておくこと。私の知る範囲で土地を取得された方も、事前に銀行相談をされている方が結構多くいます。

そうです、事前に融資を受ける銀行と打合せができていれば、自信を持って売主さん・売主業者との話を進められるのです。具体的な土地・建物がないのに、一見さんとして銀行で融資相談をしても、たいていの場合、銀行側は相談に乗ってくれません。ちゃんと事前相談ができているということは、それだけ資金面での手当てができる可能性が高い、ということになるからです。世間一般的に、事前に資金のめどが立っている人は少ないので、土地売買でも優位に話を進められます。

●土地取得の前に準備を！

多くの方が良い土地を見つけるために日々努力をされています。

ネット上などで土地探しに必死になるのも悪いことではないのですが、ネットでいざ土地を見つけても、次のステップに進むにはもう一度悩むことが多いようです。すぐに土地売買契約、という訳にはいきません。

そもそもアパート経営において、土地は大事な要素ですが、それが全てではなく、一部です。土地の上に建つ建物や総費用について、そしてアパートの運営についての具体的なストーリー・プランを持たずに土地探しをしていると、大事な決断ができなかったり、失敗をしてしまったりすることがあります。

いざ良い土地を見つけてから、あれこれと聞き、準備をするよりも、事前にプランを検討し、しかるべきところ（私のところでも）に相談しておくことです。たった一度の、大事なタイミング――良い土地との出会い――を逃さないためにも。

さて、良い土地とは、何を理由に「良い土地」と判断されるのでしょうか。立地、土地の価格、その敷地に建てられる見込みの建物の大きさ、間取り、その想定家賃、そして収益性など、買い手側として知っておきたいことがいろいろとあります。

しかし、土地売買は、買主と売主のそれぞれが希望を提示した後に交渉が成立して、契約が成立するものです。つまり買主側の考え方だけでなく、売主側の見方・考え方にも注意しておくべきで、それができるとよりスムーズに話が進みます。

【銀行融資】

アパート経営を行うには完全に自己資金だけで、というわけにはなかなかいきません。となると、銀行とのお付き合い、特に「融資を受ける」ことは重要なポイントとなります。

まず大事なのが「銀行選び」そして「銀行員選び」。あなた側の条件が一切変わらなくても、お付き合いする銀行、支店、銀行員（担当者）によって結果が大きく変わります。さらにもし今後複数棟持ちたいときには、メインバンクを決めるといいでしょう。

融資を受ける場合のポイントとして、すでに説明しているとおりサラリーマン大家は「給与を安定収入と見なしてくれる場合が多い」というメリットがあります。さらに、賃貸併用住宅を建築する場合には、事業ローンではなく住宅ローンを活用できるということ。このあたりもよく勉強し、また銀行担当者と打ち合わせ・相談をしつつ検討してみてください。

●２０１２年は最後のチャンス?

不動産投資などの情報を見ていると、２０１２年が賃貸併用住宅における住宅ローン活用と、住宅ローン控除の最後のチャンスでは?という意見が見受けられます。確かに住宅ローン控除は減ります。今年は３０００万円控除（３００万円還付）、来年は２０００万円（２００万円還付）です。

ですが、東京でのアパート経営という観点から実は２０２５年までは大丈夫。なお、賃貸経営で重要な人口の推移で言うと、日本の人口は減りますが、東京では社会的な流入があるので人口推計でも２０５０年までほぼ一定です。

・２０５０年－25年間（借入）＝『２０２５』年

加えて、オーナーが働き盛りであり、収入が安定し、元気・健康であるうちに行動に移しておけるとなお良いでしょう。ただし、２０２５年以降は新たなアパートローンを借りるのは難しくなるかもしれません。人口減少でアパート経営の新規参入ができなくなると仮定すると、アパート経営が出来ている人とそうでない人との格差がさらに広がる可能性もあります。

●銀行員の発想パターンと行動パターンは

銀行から融資を受けるためには、銀行員、つまり担当者との関係が重要です。ここでは融資担当者の発想と行動のパターンを分析して、融資が受けやすくなるように対策を取ってみたいと思います。

まず、そもそも論として、融資担当者はあなたに協力してくれるはずです。担当者はやりがいがある業務を重視していますので、あなたのビジネス、この場合はアパート経営の社会的な意義と面白みを共有することができれば、より積極的に関わってくれるはずです。

依頼者と担当者は共に銀行内の「稟議」というハードルに向かいます。担当者には上司・会議があり、ギリギリのところで戦ってくれます。ですから、担当者は「仲間」として協力と感謝を欠かしてはいけません。

とはいうものの担当者はあなただけの専属ではありませんから、他の仕事があることも考えて「自分の仕事を後回しにしている」などと邪推しないこと。誰もが仕事の面では時間を有効に使いたいものですし、それぞれにはそれぞれの、時々に応じた優先順位というものがありますから。

ひとつ、覚えておきたいことがあります。

・お金を借りるまでは銀行が強い

・銀行から借りたら借り手が強い

ということです。銀行員も、当たり前ですが負債清算の苦労などしたくはありません。彼らも業務に効率性（と実績の「数字」）を求められているのです。そこを理解した上で、協力をお願いするという姿勢でいたほうが、より先方からも協力を得られやすいでしょう。対立して良いことはひとつもありませんし、また書類提出などの締切はきちんと守り、担当者に余計な面倒、手間をかけないように気配りしましょう。

●銀行員が観察する４つのポイント

融資可否などを判断するに当たって、銀行員が観察する４つのポイントをまとめてみました。

1、情報入手元：不動産業者か、建設業者か、個人の持ち込みか
2、個人の属性：収入、資産、以前の実績、不動産賃貸業の知識、目的、目的と現実の一致
3、ＰＬ（規程）／損益計算書
4、ＢＳ（規程）／バランスシート・貸借対照表

そして、あなたからも借りるに当たっての「勝算」を説明しなくてはいけません。事業性についての説明です。必要な内容は例えばこんな感じです。

・敷地延長の土地の説明（収支）　・１棟４室の説明（差別化）

・想定入居者層（需要）　　　　　　　　・ロフト、吹抜けの説明（差別化）
・木造2階建ての説明（管理・修繕）

融資を申し込む際の会話の仕方によっては、大きく不利な状況になってしまうこともあります。失敗を防ぐためには、過去に融資を経験した多くの人の事例を知っておくことはとても大事です。コツは話すストーリーと説明する内容、書類での内容に矛盾がないようにすることです。

【事業プラン】

安定した経営のためには、すぐれた事業プランが重要です。

私の推奨する小型アパートや賃貸併用住宅は、それ自体がすぐれた事業プランだと自負しています。ここからは、事業プランやそれに関する工夫について述べていきます。

●小規模新築木造アパートが「サラリーマン・はじめての人」に最適

私の推奨する小規模新築木造アパートが、アパート経営をこれからやろうと志す「サラリーマン・はじめての人」に最適です。投資コストを抑えることができるのが最大のメリット。通常の人が住宅ローンを組むより少し借入額が多いレベルになりますが、家賃収入は毎月30万円を超えますから、この面でも返済リスクが少ないのです。銀行も真剣に評価をしますので、最低でも月６万円以上の黒字が出るようでないと融資承諾の土俵に上がりません。土地と建物費用を家賃で返済して、さらに残金が６万円出るというのは価値のある計画です。

土地探しにおいては、１棟４室だと30坪以上必要となり、土地の広さとしては個人が買う分譲住宅にしては広く、ニッチ。不動産投資家から見ると狭くて敬遠。建物については、これまで紹介してきたとおり、王道型、Ｓ型の１棟４室アパートや賃貸併用住宅がお薦めです。全室角部屋であり、空室リスクが低く、部屋数が多くないため事故・管理・修繕・入居者問題のリスクも低減できます。こうした点も、銀行員から評価される理由です。

●既成物件より新築アパート・オーダーメイドにしよう

新築アパートを取得するには、施工業者が既に新築したものを購入する（建て売りと同じ）よりも、オーナー自身が建築を手掛けたほうが断然面白いですし、設計士とともに工夫をし、手間をかけて作り上げたほうが良いものができます。また後者の場合、建物が立つ前に土地取得をする必要があります。

ここで難しいのは、土地が更地の状態で、（１）どのような建物が建つか（建物プラン）を予想し、（2）その建物建築費用がどれくらいかを予想し、そして（3）どの位の家賃が得られるかを予想すること。この3つのことがわからなかったら、高額な東京の土地の売買契約をすることはできないでしょう。

ですが、この3つを予想することは専門業者でないと不可能。それどころか専門業者であっても、予想が外れることがあるかもしれません。想定しない結果になりそうだと土地を購入した後に気が付いた場合、土地の売買契約が無事に解除できればよいのですが、それができずに収支が見合わない土地や建物を所有することになったら、大変なことになります。

だからこそ、一般の何も勉強していない人がアパート経営に乗り出すのは難しいのです。それを実現するには、信頼のおける「サポートチーム」に出会うことが必要です。単に信頼が置けるだけではなく、実績があり、成功のノウハウを持ち、失敗せずに継続しているチームです。

そのような良い出会いがなければ、無事に安定したアパート経営を行うことは不可能でしょう。私が今でも無事にアパート経営ができているのはこうした人たちと出会えたからです。新しく始める方、そして以前に大家経験がある方も、サポートチームとの良い出会いをしてください。

そして、どのようなサポートチーム、協力業者が良いのか、悪いのかを見分ける目を持つことがオーナーになる人にとって大切なことです。

●土地の買付けや売買契約時の注意点

「土地買付け」や「土地売買契約」はとても大事です。判断が遅れて土地が購入できない、逆に判断を急いで必要なチェックを抜かしてしまうことは避けたいところ。では、チェックすべきポイントをご紹介します。

1、ローン特約：

ローンを利用する場合、土地売買契約時（手付金支払い時）には銀行より融資の内定を受けていないことが多いので、もし融資が受けられなければ「手付金を返金してもらい、契約を解除できる」との特約をつけます。全額資金がある場合でも、リスクの低減・安全な契約時間確保の為、ローン特約は有効です。ローン特約無しで契約をすると、ローン特約終了日（たいてい決済日の数日前）までに、資金が準備できない場合、手付金を放棄して契約解除せざるを得なくなってしまいます。契約内容が事実と違うことが分かった場合や、その地域での不安情報を後日受け、計画を変更したくなったときなど、ローン特約を行使できる可能性もあります。

2．手付金：

通常は土地価格の「5％～10％」。また、売主側の理由で契約が解除となる場合は手付金の倍返しといわれますが、通例にとらわれるのではなく契約書に記載されていることを確認することが大事です。

【建築プラン・設計】

●建物建築プランの工夫

事業プランのところでも述べましたが、安定した入居者の確保にも繋げるため、建物建築プランにおける「オーナーならではの工夫」は非常に大切です。そもそも小型で主に2人住まい向けの物件、というだけでも差別化になるのですが、さらにひと工夫することでよりいっそう入居者に喜ばれる建物を目指しましょう。入居者のターゲットに合わせて方針を決め、それに沿った工夫を加えていくのです。もちろんオーナーの志向、発想に加え設計士や現場の施工を受け持つ方にも協力していただかなくてはいけません。

「差別化でき、競争力がある、リスクの少ないアパート形態」

それが私の推奨する1棟4室タイプの小型アパートですが、改めて建築プランからメリットを見てみると、建物自体が戸建てに近く小規模であり、必要資金も少額。全室3方向の窓で明るさと通風を確保、建物の中心に水回りを配置し建物の安定性（重心）と隣の部屋との遮音性も確保。オーナーだけでなく、入居者の生活ために良い貸部屋です。

「他にはない建物構造、新築だからこそ変化のある建物を設計でき、特に空間を重視する」アパートであっても、高級マンションにもない工夫が加えられた空間。構造的、設備、デザイン、女性の視点、オーナーのセンス……。徹底的に考え抜くことは、予算がなくてもできます。アイディアを考え抜き、話し合う中でよりよい建物を作っていきます。

では、具体的に「こんなところを工夫するとよい」という点を参考までにご紹介しましょう。

▼ロフト……ロフトは同じ敷地で空間をより有効に活用できる手法。ロフトの採光、通風を考慮するとなおよい

▼吹抜……天井が広く見え、また解放感のある吹き抜け。ロフトと組み合わせることで解放感とスペースの有効活用の両面を実現できる。明かり取りの工夫も併せて。

▼女性の視点……女性から好まれ、感覚的に良いと思われることで「選ばれる部屋」に。女性目線での部屋の使いやすさ、機能性、特に収納・クローゼットの存在・広さ　使いやすさ

▼部屋の明るさ、窓の位置……窓の位置を工夫することで室内の明るさを考慮します。自然光をうまく取り込めるようになれば、今気になる「省エネ」も実現できます。

▼洗濯物を干す場所……洗濯機置き場とあわせて考えましょう。意外に「干す場所がない」という物件もあります。差別化のポイントになります。
▼遮音性……集合住宅であれば特に気になるポイント。階上・階下、隣、それぞれ注意。

オーナーが率先してアイデアを出し、入居者の気持ちを考えて実践していくと、周囲のサポートをしてくれている皆さんからも入居者が快適に生活できるためのアイデアをもらえるようになります。そうなるとしめたものです。

アパート建築の打合せが楽しい時間となり、オーナーの気持ちが込められたアパートを作ることができます。そうすれば、その後も愛着を持ってアパートを管理することもできるのです。より多くの大家さんがこうした良い循環を作り、住みやすい貸家・貸部屋が多くできるとよいですね。

●設計士選び

設計士選びにも注意が必要です。当たり前のことですが、設計士さんにも良い人と良くない人がいます。オーナーと「合う・合わない」ということもあるでしょう。選ぶ基準の一例を言うと、設計士の中には現場に一度も行かない人も、施主と一度も会わない人もいます。工夫した建物を作って、居住者に喜んでもらえるようにしたいあなたにとって、どういう人がふさわしいのか。

実績、人柄、周囲（同業者や顧客）の評判……。できればとことん話し合った上で、一緒に仕事が「長きにわたって」続けられそうな人を選びましょう。

私たちの場合、王道チームとして共に仕事をしている設計士さんは小櫻設計士、石原設計士など、皆一級建築士として独立経営をしている素晴らしい人達です。「現場に一度も行かない」というようなことはなく、それどころか細かいところまで現場で打ち合わせて、協力していただいています。例えば、建築確認申請前には設計士による現場確認も行います。土地を購入するにあたり、その土地の測量図をきちんと確認することは大事な点ですが、これだけで終わることなく、測量図どおりの境界杭、境界鋲などが現地に存在しているのかを自分の目で確認することも大切です。

設計士が狭いところに入り込んで境界を確認している様子

その際、建築士に境界確認等に立ち会っていただくこともあります。

前ページの画像は「42条2項道路」の中心線から、自分の敷地をどれほど「セットバック」する必要があるのかの再確認をしている様子です。この道路は道幅が広くはないので（約2メートルなので）、約1メートルのセットバックが必要となりました。この情報自体は土地販売図に説明してあったものなので、再確認となりました。

建物は隣地ぎりぎりまで建てられている場合が多いので（民法第234条の境界から50センチ後退）、境界を確認するのは一苦労です。

※セットバック…「2項道路」に接している敷地において、道路の境界線を敷地側に後退させること。後退させた部分は道路と見なされる。

このときは図面上7つの境界杭がある予定でしたが、現地では6つしかありませんでした。この場合杭は区役所への確認で対応できることがわかり、避けられない問題ではないこともわかってきました。

もちろん境界杭の問題は確認すべきことのひとつでしかありません。この事例では別に隣家の庇が越境している問題が確認され、隣人との境界確定のため土地家屋調査士にも協力をしてもらいました。王道チームでは三浦土地家屋調査士さんに協力をしてもらっています。

【建築・施工】

●基礎工事の重要性

年金対策として新築アパートを建てるわけですから、ローンの支払いが終わったあとも長きにわたって、建物には活躍してもらわねばなりません。

となると、土台、つまり「基礎」の重要性が増します。以前、私の関わった物件でオーナーさんから「立派な基礎ですね」そして「あれなら安心です」というコメントをいただいたことがあります。工務店さんも設計士さんもきっと嬉しかったことでしょうが、私たちの建てるアパートでは、それが標準だと思っています。

丈夫で長持ちする建物は、ひとしく「基礎」がしっかりとしています。

王道チームでは矢島建設工業（株）、（株）大久保建興など、強力な施工チームに協力をいただいています。

●施工・仕様・設備

オーナーの工夫は、細い仕様や設備面にも及びます。

外壁、屋根、サッシ、床、幅木、ドア選び、キッチン、バス、トイレ、洗面台などなど。ア

パートでも、戸建て住宅と同じように選ぶ事が数多くあります
皆さんの希望に合わせて、業者さんがメーカーよりサンプルを取り寄せ、またメーカーでも毎年新商品が出てきます。色、柄、凹凸、素材など、どんどんバリエーションが増えています。外壁選びひとつとっても、かなり迷ってしまいます。
しかし、これも満室にするための選択ですし、オーナーさんの好みに応じて個性・差別化を発揮できるところ。大事な選択です。

本来は勉強会やセミナーでお話しする内容ですが、ここでひとつ「外壁選び」のポイントを2点ご紹介しましょう。オーナーになったつもりで想像してみてください。
（1）外壁選びは、日中に。外壁ですから、外＝太陽光で評価し、選ぶのが一番。蛍光灯や、白熱光のもとではイメージが変わることが多いので要注意です。
（2）現物サンプルは小さいもの。外壁は大きな面です。小さいサンプルとは色の印象が変わる場合もあります。できれば大きな面で見ましょう。各メーカーのショールームでは大型サンプルがありますし、街にはたくさんの現物サンプル＝建物がありますので日ごろから、街歩きのときに良いなと思える建物をチェックしておくことをお勧めします。

いかがでしょうか。また最近の傾向として、明るい壁を選択する方が多いですね。ただし真っ白ではなく、何十年後も出来るだけ汚れが目立たない色のレベルで、かつ明るい色が選ばれている傾向があります。

設備の選択もオーナーの楽しみです。

多くのオーナーさんは「自宅以上に、細かく設備を選んでいる」と言います。「自宅より良い設備が入りますよ」と仰る方も多いのです。それもこれもより良い部屋作り、そして入居者により快適に住んでもらうためです。

オーナー的視点で言えば、メンテナンスや掃除がしやすいこと、コストが抑えられることもポイントです。

●耐火建築か、準耐火建築物か？

敷地の条件によっては、耐火建築・準耐火建築の選択が必要な場合もあります。

写真は、外壁・サイディングボードのサンプルです。たくさん選べるのはいいことですが、迷うことも増えます（笑顔）。

例えばある検討地の場合、敷地の一部が防火地域にかかっており、敷地に目一杯建物をはめ込もうとすると「木造耐火建築物」となり、建物コストが上がってしまいます。

簡単に言えば建物の木部を耐熱性のある素材で覆う必要があり（そうした素材を使います）その分コストが上がるのです。もちろんこれは無駄なコストではなく、建物としてもより強固で耐久性のあるものになるので、価値はあります（151頁参考）。

しかしアパート経営での収支を見積もる上で、できるだけ総費用を下げたい気持ちも多々あります。

ただ、建築基準法第61条によると、延べ床面積が100平方メートルを超えなければ、準耐火建築物でよい、というルールもあり、

・100平方メートルを超えた広い建物が建てられる敷地で、建物を耐火建築物にするか？

・100平方メートル未満で、やや狭いがコストをかけない準耐火建築物にするか？

という微妙な選択をすることになります。検討の際には、床面積の差と耐火にすることのコストの差と収支見積りなどを検討していきます。

コストを重視して、述べ床面積100平方メートル未満の準耐火建築物にするか？

初期コストは上がりますが、その敷地目一杯のより広い部屋（広い間取り）でかつ耐火建築物として選りすぐれた建物性能を重視した建築計画に挑むか？

オーナーの考え方次第ですが、この時には「初期費用が上がったとしても、ライフサイクルコストを低減し、より広い間取りとなり差別化の図れる耐火建築物を検討したい」となりました。

なお、防火地域というのは大抵立地の良いところだけに、上記の選択の場合、機能性向上だけでなく家賃も上がりますので、収益性はあまりかわらないと思われます。

長期的に見ると、狭くて空室が出てしまうよりも、常に満室にできる建物を選べると良いでしょう。選択に迷ったら、満室にするための選択をしましょう。アパート大家として、空室は心臓に良くないものですから。

参考）建築基準法第２条第１項第９号の２

イ　その主要構造部が（１）又は（２）のいずれかに該当すること。
（１）　耐火構造であること。
（２）　次に掲げる性能（外壁以外の主要構造部にあつては、(i) に掲げる性能に限る。）に関して政令で定める技術的基準に適合するものであること。
(i)　当該建築物の構造、建築設備及び用途に応じて屋内において発生が予測される火災による火熱に当該火災が終了するまで耐えること。
(ii)　当該建築物の周囲において発生する通常の火災による火熱に当該火災が終了するまで耐えること。
ロ　その外壁の開口部で延焼のおそれのある部分に、防火戸その他の政令で定める防火設備（その構造が遮炎性能（通常の火災時における火炎を有効に遮るために防火設備に必要とされる性能をいう。）に関して政令で定める技術的基準に適合するもので、国土交通大臣が定めた構造方法を用いるもの又は国土交通大臣の認定を受けたものに限る。）を有すること。

●建築中のオーナーの工夫

新築オーダーメイド物件のオーナーにしかできないのが、建築現場の雰囲気を確認し、明るくするように工夫すること。アパートは建ってからが本当のはじまり。何十年も持ち続けるわけですから、作業者である設計士、施工業者、大工さんとの信頼関係を維持できるように気を使うべきです。

【客付け・満室に向けて】

さて、あなたのアパートが完成したら、いよいよ客付けです。まずは流れをフローチャートでおさえておきましょう

●入退去時の登場人物

1. 仲介業者↓募集、賃貸借契約、管理
2. 宅地建物取引主任者↓賃貸借契約
3. 内見者↓賃貸借契約時までは気が抜けない
4. 入居者↓賃貸借契約後に確定

5．保証人→両親であることがよい
6．保証会社→入居者・保証人審査を行う（仲介業者が対応）
7．クリーニング業者→退去連絡後に連絡、または管理・仲介業者が対応

●仲介業者との付き合い

客付けにあたっては、仲介業者とのお付き合いが非常に大切になります。彼らに協力してもらうことによって初めて、安定した客付け、入居者募集ができるといっても過言ではありません。また、入居者からのクレームや相談、連絡ごとも、その多くが仲介業者経由で来ます。

物件管理 ： 入居募集を開始して満室になるまでのフローチャート

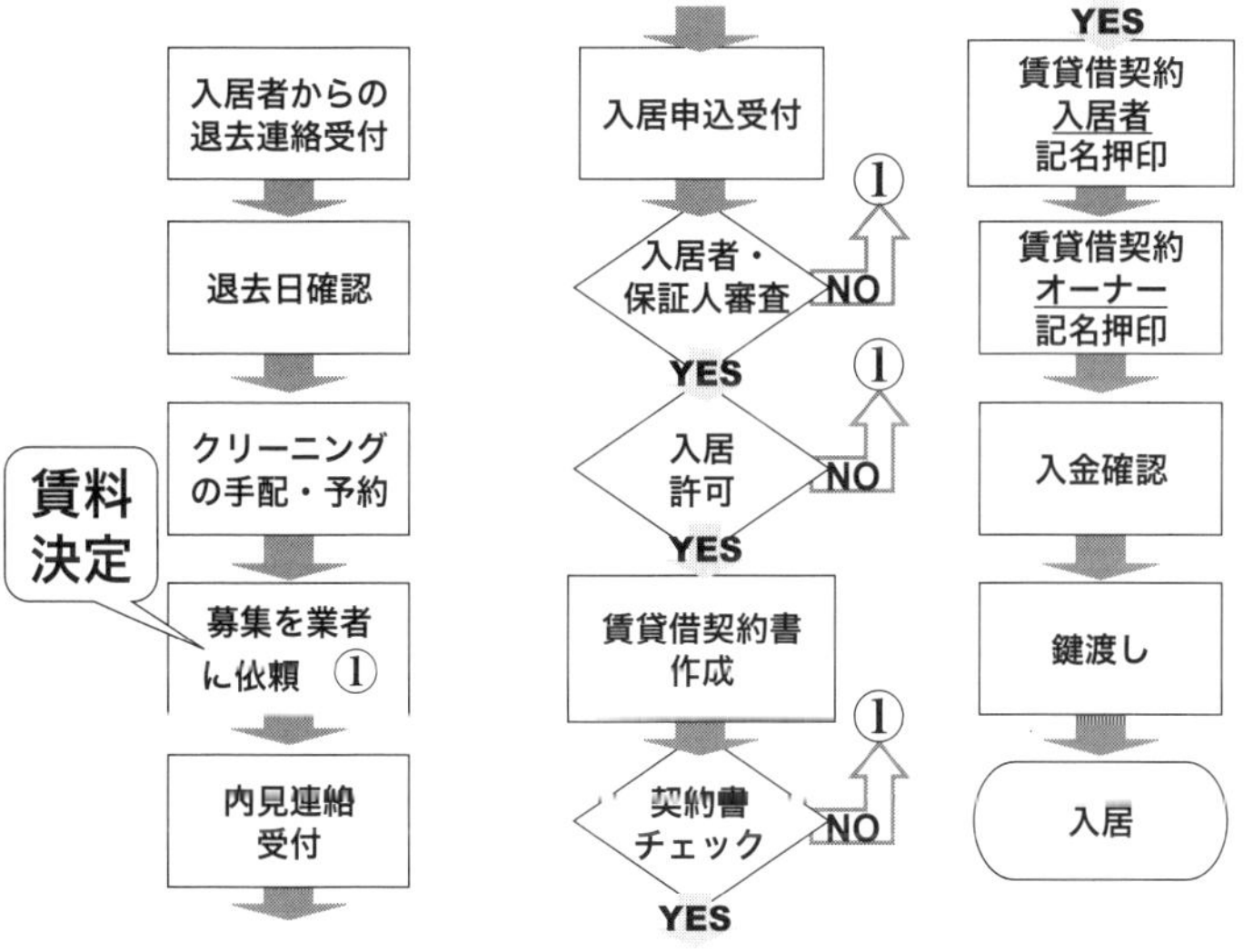

お正月、お盆休みに、入居者からトラブルの要望・クレームが来ることはとても辛いですから、なおさらトラブルの起きないアパートを所有していることが大切になります。

以前私が経験したちょっとしたトラブルの話をしましょう。

その内容は「浴室のシャワーがキュッと閉まらず、水がぽたぽたと漏れる」というもの。その日はお盆休み、当然、設備＆修繕屋さんは夏休み。

さて、どうするか。ここで大活躍してくれたのが、以前からお世話になっていた不動産仲介業者さんだったのです。彼らは退去時のルームクリーニングでゴムパッキンを交換したことを知っており、入居者からの連絡の際、これは設備に問題があると直感したそうです。

すぐに蛇口設備一式をＤＩＹ店で購入し、交換してくれました。ちなみにこの方、本業の設備屋さんではなく、最初のころ蛇口一式の交換に4時間かかっていたそうですが、何度か交換経験があったため慣れていたらしく1時間ほどで問題を解決してくれました。

オーナーである私は、そのとき遠方にいたため直接対応ができなかったのですが、この方とは今でも電話でよく話をする間柄で、もう4年、良い関係が築けています。

地場で管理に強い仲介業者さんとお付き合いすることの良さを感じ、そして仲介業者さんの経験によって助けられました。毎度のことながら、「アパートサポートチーム」の皆さんに助けられているなと、感謝するばかりでした。

●入居者探し　～満室維持のために～

先ほども説明したとおり、満室経営のためには仲介業者さんとの信頼関係が重要です。ではここで、知らない土地での不動産仲介業者探しのコツをご紹介しましょう。

まずは業者情報を集めます。

1．業者探し

インターネットを活用します。その土地（物件）の最寄り駅およびその前後駅を中心に探すほか、ターミナル駅も探す対象になります。それに加えて、沿線ではないが地域的に同じエリアだとか、いわゆる「地元周辺」の業者も対象になります。

2．依頼業者一覧

続いて、業者一覧を作り検討材料にします。その中でも「ネットに強い業者」「会報、フリーペーパーを出している業者」「はがきを送る業者」「室内動画を公開している業者」「熱意のある業者」「熱意のない業者」「大手グループ内の1店舗」「ルール（契約事）に厳しい業者」「地域一番店」など、それぞれの属性も判断材料とします。

●仲介業者選び5箇条

第1条　情報網の中の『立地』

※店舗の「位置づけ」「地位」はどうかということです。①業者間、②NET上、③顧客の訪問数を参考に

第2条　応対の良いスタッフかどうか

※仲介業者とこまめに話し、対応の様子を感じ取ります

第3条　知識・信頼のある業者か

※アパート経営に対する知識や経験が豊富か、関連業者の信頼を得ているかを見ます

第4条　管理能力の高さ・経験

※仲介業者の予想は大抵当たるもの。オーナーとして参考にできそうかを見ます

第5章　お客思いである、相手の身になって考えられる

※最後はやっぱりここが大切です

●満室経営のポイント

繰り返しになりますが、やはりベースは「差別化」のあるアパートかどうか。ロフト、吹抜け、広い空間、快適な設備。そして「立地」(交通の便)。

ここまでやったら、あとは「きっちり募集」して「きっちり管理」すれば良いのです。くどいようですが、アパート経営は一人ではできません。長くお付き合いできる関連業者との関係が非常に大切です。単発の利益を求める関係性よりも、長い付き合いを重視しましょう。

それでは前項に挙げた5箇条を頭に入れつつ、空室対策や仲介業者との連携について考えていきましょう。

●空室が出た！　そんなときの問題、工夫、その効果

実際にアパートを経営していく上では、空室が出ないことはあり得ません。空室が出たら、迅速に対処して次の入居者を見つける必要があります。ではここで、空室が出た際に起こりうる問題点及びそれに対する工夫（対処）、そして効果についてまとめてみましょう。

▼問題1．　仲介業者からの連絡がオーナーに届かない

パターンA：仲介業者がオーナーに連絡を取ることができない

パターンB：仲介業者は連絡をしたと思っているが、オーナーが気が付かない

例）留守番電話に気が付かない、ＦＡＸが受信できない、メールを確認していない

◇工夫1．仲介業者と密に連絡

「日ごろ仲介業者と連絡を取り合っている人」と「ほとんど連絡をしない、または全く連絡をしない人」とで差が出ます。連絡が取れないことで仲介業者も焦り、業務工数も増えてしまいます。細かいことですが、携帯の番号を変えたときや、住所を変えたときなどの挨拶の大切さが見えてきます。

留守電、ＦＡＸ、メールの未確認はもったいないですね。日ごろからチェックを心がけましょう。つい先日私の場合は、留守電を間違って消してしまい、その中に重要な連絡が含まれていました。そして数日後……。そんなミスが起きては悔やむに悔やめませんね。普段から業者さんと連絡を密にしておけば、業者も頻繁に、連絡をしてくれるはずです。

◎効果1．積極的に客付け

まずオーナーが原因となる時間のロスが無くなります。それに、日ごろから連絡をよくとりあっていると、業者さんも「この大家さんとは親しい関係だから」と客付けを積極的にしてくれるかもしれません。もしそうだとしたら最高です。オーナーの心構えひとつで空室対策になるのですから、ぜひそうしたいですね。

▼問題2．どの仲介業者が良い業者なのかわからない、どの業者が早く決めてくれるのか分からない

レストラン評価のミシュランのような不動産業者評価書はありません。ですから大家さんはいつも苦労をします。もっとも、ミシュランのような評価書があったとしても、担当者により対応に差があって、空室発生時の結果にも差が付くかもしれません。

景気の良い時期は、どの業者でもすぐに入居者を見つけてくれたのでしょうが、最近では、より良い業者と出会えないと、なかなか満室にならないとの声も聞きます。何が良い業者であるかの定義も難しいのですが、私としては「安定して満室経営をサポートしてくれる業者」がいてくれるととても助かります。

◇工夫２．業者の店舗立地のチェック

入居者を早く見つけてくれる業者は頼もしいものです。業者によっても、比較的に早く決めてくれる業者、なかなか決めてもらえない業者があることから、業者に何らかの差があることを感じます。

大家の世界では俗に、早く決めてくれる業者は「良い立地に店舗がある」と言います。しかし、これはちょっと古い話かもしれません。

今は情報網の中での「一等地」で営業をしている業者を選ぶのがいいと思います。もちろん、部屋を探している人が店舗に訪問しやすい場所に位置していることも大事ですが、これよりも、次の２つのことに注目しています。

◇その1．ネット上での良い立地

部屋探しは自宅で行っている人が多いことから、ネットから「私のアパート」にたどり着いてくれることが大切。もしくは、業者のネット情報にアクセスしやすいかどうかが大切。もし、業者さんがなかなか入居者を決めてくれないのならば、大家さん自身で自分の空室募集情報をネットで検索してみましょう。

◇その2．業者間情報網での良い立地

仲介業者には、両手の仕事と片手の仕事という言葉があります。

自社で大家から依頼を受け、自社で入居者を見つける場合を「両手」。

自社が大家から依頼を受け、他社に入居者を見つけてもらい、自社と他社で協力して客付けした場合を「片手」（つまり、手数料を分け合うこと）と言います。

同じような業者の中でも、他とは比較にならないほど、顧客（部屋探しをしている人）が集まる店舗があるようです。私はその業者を探しましょうとは言いませんが、そういう人の集まる業者と協力関係にある業者であれば、十分にプラスとなることはおわかりでしょう。

以上のように列挙しましたが、実際は長い間付き合っている業者のみに任せている大家さんが多くいます。私の所有アパートのように確実に高い家賃で決まる自信のあるアパートでは１

社にお任せしていればよいのですが、その他では「数社」に同時に依頼をして入居者を見つける確率が高まるようにしています。

◎効果２．情報量が多く、アドバイスがもらえる

何といっても、空室時間が短いことは安定した家賃収入につながります。ネットでの良い立地を確保している業者は、情報量も多いのでよいアドバイスをしてくれますし、多くは仲介業者自体の経営内容も良好。こうしたところとは長い付き合いをしたいものです。良い業者は、常に管理・仲介物件に動きがあるため、クリーニング会社や修繕会社などとも良い関係であり、入居募集だけでなく、管理等のサポートも手厚い傾向があります。

良い状況で運営している会社は、従業員も元気。こちらも元気になり、良い循環で仕事を回していけます。また、入居募集が早い業者には多くの良好な地主さんとも付き合いがあり、数年アパートを安定経営して資金ができて、もう１棟検討したいと思ったときに良い土地情報を紹介してくれることも、メリットのひとつです。王道チームでは（株）ＪＲＥＮＴ（http://www.jrent.jp/）がメインの仲介業者として、活躍してくれています。

▼問題３．入居者や建物の変化に気がつかない

建物は生き物です。新しいままで何年も維持できているわけではなく、台風もあれば、日照

りとも戦っています。また、小さな問題であれば、わずかなコストで修繕できますが、小さな問題もそのままにしておくととんでもないことが起きます。

例えば、築古物件を購入した人では「土台（木部）がシロアリに食べられていた」ということがありました。

こうしたケースでは「よく見ると敷地にありの死骸がたくさんあった」など、なんらかの現象・予兆が起きているもの。

また、建物だけでなく入居者の変化も同様です。「ベランダにゴミが溜まりだした」とか、以前はきれいにしていた人が突然汚くなりだしたなど。これは入居者の生活様態に悪い変化が見えてきた予兆です。場合によっては、いつもシャッターが閉まっているなど、夜逃げしたのかとか、病気でもしているのかとか、心配になります。

◇工夫3．定期的に行くことで変化を感じること（チェック、記録帳、写真、声かけ）

掃除を掃除だけで終わらせないことです。オーナーの皆さんは本業をお持ちで忙しいのですし、掃除だけでなく、定期的なチェックも兼ねましょう。自動車にも点検・車検が必要です。アパートで何もしなくてよいということはありません。私は、チェックシートを作成しておくことをお勧めします。

・敷地（ごみ、雑草レベルや害虫の種類等）

・塀
・通路（コンクリートのヒビ等）
・基礎部分
・外壁（コーキング等）
・屋根
・ゴミ置き場
・入居者

さらにできれば、隣地・隣人の大きな変化にもチェックがあるとよいですね。近隣地域内の入居率、競合変化、現地の家賃相場等もチェックすべきです。ここまでやれている人は、少ないでしょうが、できるとオーナーとしての武器になります。

また、せっかく現地に行くのなら写真を撮っておくこともおすすめです。文字でメモするより、何よりも良い証拠となります。その場では気がつかなかったことも、後で問題になることがあります。そんなとき、よい証拠が撮影されている場合もありますしね（例えば、境界杭の位置など）。

相手にもよりますが、入居者に声かけをするのも良いかもしれません。入居者と良い関係を築くチャンスになるかもしれません。

◎効果3．掃除の思わぬ効用は盛りだくさん

なによりも、定期的に現地に行くこと自体が、とても良いことです。現地に行って、ゴミ拾い等をしない人はいないでしょう。掃除による効用はもっとありますし、それを考えることも楽しんでもらえれば、良いアパート経営ができること間違いなしです。

誰でも、簡単にできること、それはまず掃除に対する考え方を変えること。よい発想と工夫を繰り返すことで、何も考えていない大家さんと大きな差・優位点ができます。その効果は、満室、収入、長期安定経営などに広がります。問題を大きくしないこと、問題が起きる前に対策をしておくことに気を遣いたいものです。

▼問題4．入居者から、クレームがあってもその実態がつかめない

クレームは少ないほど、アパート大家としても安心していられます。ですがクレームは突然やってきます。

「問題」は、そのクレームの現象について、大家さんが確認できないことです。

本当に、その現象が起きているのでしょうか？

内容が正しければ、逆に、良いことと言えるかもしれません。なぜなら、クレーム内容に対する対応をそのまま実行すれば済むのですから。雨漏りがあるなら、ふさぐ。直す。それでい

いわけですが……。

しかし、連絡を受けた内容が、本当のトラブルとは違う内容だったとしたら、そこには問題があります。また、正しい現象が伝わっているとしても、その原因がすぐにつかめないことも『問題』です。

◇工夫・対策４．現場・現象・現人、そして良きサポート

「現場」「現象」「現人」は、クレーム対応の基本。

クレームの第一発見者が入居者である場合、大抵は本人が解決できないか、解決するつもりがないことがあります。面倒だとかコストが掛かるというだけではなく、設備の所有権がないこともひとつの理由でもあります。

入居者としては「直してもらおう」「直してもらえる」との気持ちもあり、大家が心配するような「直さなければ、退去してしまうかもしれない」との感覚とは少し異なります。もちろん、入居者でもＤＩＹが得意な人もいて、それで助かる場合もあります。

いずれにしても、初めのクレーム連絡は第一報であり、内容が確実とは限りません。伝言ゲームにならないよう、大家側の人ができるだけ早くトラブルの事例を確認することが大事です。

（１）トラブルが起きている現場にて、

（２）トラブルの物理的な現象を確認し、

（3）トラブルを感じた人に確認をとること。

（1）と（2）については、アパート大家本人が出向く必要はなく、アパート・建物の専門家に現場を確認してもらえればベストです。これは、問題解決が早まるということと、大家のストレスを低減するうえでも利点があります。

そして、もう一つ（3）についてですが、実は第一報のクレームには、問題がない事例もあります。例えば使い方の間違いなど、クレームをした人の勘違いである場合もあります。だからと言って、クレームを言った人を責めてはいけません。

別の問題が大きくなるでしょうし、次回本当にトラブルが起きた時に、この人から仇を取られるかもしれませんからね。とにかく（3）の内容を確認するためにも、まずは（1）と（2）を正しく確認してからです。

ここでもうひとつの「工夫」として、大家に良いサポートチームがいることが大事です。すでにチームが準備できていればなお良いのですが、無理に人を集めておく必要もありません。水道、ガス、電気、エアコン等の設備など、その地域の専門業者の連絡先メモがあるだけでも役立ちます。またこの場合、各業者は1社だけでなく複数知っておくと良いですね。これも、すぐにできる工夫です。

しかも、ＤＩＹ技術取得のように大家が苦労する必要はなく、ごく簡単なことです。そして、ＤＩＹの技術は数十年のアパート経営において、なかなか活用する場面は少ないのですが、サポート業者のリストはより実務的にできており、より活用できる頻度が高いもの。アパート大家として、誰もが１００％やっておくべきことです。

◎効果４．満室＆安定経営に

毎度のことですが、こうした工夫により、より入居者のストレスが減り、より満室経営に近づき、より安定した収支を維持したアパート経営ができるようになります。アパート大家さんとして、時間と体を動かす労力も大切ですが、一度準備してずっと使えることは、ぜひやっておくべきです。逆にこれを準備しておかなければ、周りの大家さんに取り残されてしまうかもしれません。

●業者・専門家から信頼を得る・８つのノウハウ

さて、ここまで読んで計画段階から建築、客付けに至るまで、いろいろな業者や専門家の力を借りなくてはアパート経営は成り立たないということは、よくお分かりいただけたと思います。それではここで、そうしたプロフェッショナル達から信頼を得、長く安定したアパート経営ができるようにするためのノウハウを８つ、ご紹介しましょう。

1．当たり前のことを当たり前にやる

前提として、業者さんもたくさんのアパート関連業務をしていることを覚えておきましょう。オーナーはあなただけではない、ということです。各業者がたくさんのアパート大家と関わる中で、良い意味で目立つには問題がないのですが、悪い意味で目立つと、業者さんから敬遠されてしまいます。一人二人と関係者がいなくなると、だんだん業者間でも悪い意味で名前を知られてしまい、業者に協力を依頼する次元ではなくなります。

不動産業界、建設業界などは意外と横のつながりもあり、一般的にそれぞれが孤立している大家よりも、業者間の情報は早く伝わります。

付け加えると、当たり前のことをやるには、当たり前・一般的な状況がどのレベルなのかを知っておくことが解決手段でもあります。

2．時間を無駄にしない、関係者の邪魔をしない

まず、依頼者・入居者・クレーム者の時間を無駄にしないこと。この点は慎重に対応することと、時間の駆け引きがあるので難しい部分ですが、何事も中心にいるのが大家なので、迅速な判断が大事です。「業者に任せる」という判断も時間のロスを省けます。

もう一つは業者への対応・回答において時間を大切にすること。アパート大家と同様に業者

も効率よく仕事をこなしているので、大家が業務の協力をしてあげられればなお良しです。

3．自滅しない、相手にもゆとりを与える

特に気にしたいのは価格交渉でのこと。相見積りは大切な段取りですが、業者さんが笑顔で対応してくれたとしても、その見積り業務にもコストがかかっているのでたくさんとりすぎないことです。また、施工の元請け会社が違っても下請けが同じという場合もあります。まして建築は土地が決まると、ある限られた地域で業者が競合します。

また、クレーム対応においても、対応する業者にストレスをかけず余裕を与えられるか、プレッシャーを与えてしまうかで違い、解決すべきものが解決できなくなることもあります。

チーム内の協力は絶対です。

4．話をよく聞き、できれば1つの依頼で2倍分を返す

これが適切にできると無敵ですね。

私の場合は、1つの依頼で2つ分を努力して返しても、結果1つが有効で、もう1つは無意味な場合が多いのです。ですから、なおさら2倍の返答・対応を心がけています。

5．当たり前のことを誰よりも早く、確実に素晴らしくやる

これは【1と2】の合わせ技ですが、素晴らしく＝スマートにやれることが肝です。

詳細で十分な資料や説明でも「重すぎる」内容との印象を相手に与えてしまっては何も伝わらないこともあります。入居者・クレーム者は気を急いでいる状況で依頼をしてくるのであり、業者も気が早い人が多いのでシンプル・簡潔なコメントと対応が求められます。

6．経験をパターン化する

これができるとアパート経営がとても楽になります。他の業種よりは容易といわれる部分です。逆にこれができないとアパート管理でどんどん悪い深みにはまります。アパートを嫌う人が陥りやすいポイントです。アパート経営は超長期ですので30年では大差になります。

さてここまで読んでみると、気が付かれることがあるかと思います。

そうです。以上の内容は一般的なサラリーマンが本業で求められていることなのです。例えば、スティーブン・コビーの『7つの習慣』などビジネス書に書かれているものとかなり重なります。一般的な人が当たり前のことを当たり前にやる。これが全てです。

一つ付け加えると自営業者のほうが癖のある人が多いため、サラリーマンは素質としてすでに良いポジションにいることになります。

7.「ありがとう」、感謝

この「ありがとう」を、なかなか言えない人が多いものです。

お金の対価が結果と思うと、なかなかこの言葉が言えないもの。

もう一つ難しいのが入居者や業者と戦うときの対等な立場で交渉をしたあと、気持ちを切り替えて感謝モードに入ること。言いたいことを言ったあとに、そうはいっても何らかの変化や効果があるわけで、その部分も話して和解し、さらに高いレベルに行けると物事がうまく行くこと間違いなしです。とはいえ、この切り替えはとても難しいですね。多くの大家ができないことだからなおさら効果ありです。

8．敬意を持ち、紳士に対応し、それを楽しむ

とにかく大家業を楽しむことでいろいろな良い面に気がつくものです。

入居者と各業者との中心には大家さんがいるのですから、そしてアパート大家さんが経営者なのだから、チームの指揮をとり良いチームを作り上げてください。

☆トラブル対処の6段階

（1）聞く・調査↓（2）変化↓（3）対策↓（4）調整↓（5）確認↓（6）解決

↓「感謝」

☆入居者から不満の出ないアパート経営6か条

① 入居者の想いを知る　…入居者の不満（満足）は何か？

② 過去・現在のアパート経営事情（アパート比較）を知る

③ 事前にトラブル予測を立てる（事例の収集、もし～／～かも）

↓　対応…建築計画、運営計画、修繕計画、資金計画

④ 建築計画時に対策組み込み（立地・構造・設備・システム）

⑤ 入居後の管理・運営で対応

⑥ オーナー自身が余裕を（資金・事業の健全性、心のゆとり）

【法務・税務・保険】

●税理士選び

何事も事業を進めるには、サポート役として税理士さんの助力を仰がねばなりません。しかし、同じ税理士でも「相続」には「相続の専門家」、「消費税還付」は「消費税還付の専門家」がいます。では「アパート経営」はどうでしょうか。

大抵の税理士さんで対応できるはずですが、こんなことを尋ねて、よりよいパートナー選びの参考にしてみてください。

「どのくらい大家さんの確定申告を扱っていますか？」

「それについて、どのような工夫をしていますか？」

と、こんな風に。それに加え、今後も、法改正に適切に対応ができるか、気軽に話ができるか、的確に・迅速に対応してくれるかを見極めましょう。

私の場合、アパート経営経験があり、不動産投資に詳しい人を見つけました。８人の候補から、ようやく見つけられました。

●保険は見直しが大切

アパート経営でも「保険」は重要な道具です。これを使いこなすには、保険はかけたらかけっぱなしではなく、常に見直すとよいでしょう。

例えば、地震保険。地震保険は全損の場合保険金額の50％まで、半損で25％までが支払われます。ローンの返済とともに借入金残高も減っていきますので、それにあわせて補償金額、保険金額を見直していくと無駄が出ません。火災保険については、再建築費用１００％に加え、建築中の家賃保証もあります。これらを常に見直しの対象として考えるのです。

王道チームでは、早稲田総合保険事務所の小林さんがこまめに大家の立場にたって対応をしてくれています。

さて、もうひとつオーナーにとっての大きな保険は「団体信用生命保険」、通称団信です。住宅ローン（や事業ローン）を組んだ人に死亡・高度障害状態といった不測の事態が生じた場合に、保険金がローンの残債の返済に充てられる保険です。他の生命保険に比べ、保険料が比較的安い為、自前で加入する他の生命保険でカバーするより、団信でカバーしたほうが有利でしょう。

●関係者との付き合い方…ミス発見時こそ慎重に

アパート経営は非常に多くの方とのお付き合いがあって進みます。土地の売主さん、仲介さん、弁護士さん……。皆さん必死に仕事をしている様子が伝わってきます。

しかし、そんな中でも、人的なミスがあります。ミスによって事件や事故が起こることもあり注意は必要です。すぐに、対処が必要になることも多いでしょう。

しかし、焦ってはいけません。

仮に他の方のミスを発見した場合でも、指摘するときには落ち着いて、確認することから始めるのが吉。いきなり厳しい口調で、クレーム、詰問のような話し方になっては逆効果。反感を持たれてしまい、今まで築いた関係性が崩れ、段取りを進めるのが難しくなる場合すらありますから。

特に、土地の売買契約では問題を起こさないように慎重に進めていますが、それでもミスはあります。そんなときに「おい、間違ってるんじゃないか?」と問い詰めるのではなく「これ、間違いですよね」「すみません、直ぐ訂正します」というやりとりで、だいたいのミスは収拾できるのです。

あなた一人でアパート経営はできません。ソフトに確認ごとができるようになりましょう。

●安定経営のためにチームをつくる

不動産オーナーは孤独です。

その中で、相談できる・頼りになる「あなた用サポートチーム」を作りましょう。

建築士、施工業者、不動産仲介業者、税理士、会計士、弁護士、銀行員、保険担当者、そして他の大家経験者。

よく自己啓発の世界で「メンター」（師匠のようなもの）を作ろうという話がありますが、あなたが信頼して任せられる、ともに事業を進めるに値するような人々とチームが組めるようにすることです。

下の図にその相関図をつけておきました。参考にしてください。

私のアパート経営サポートチーム

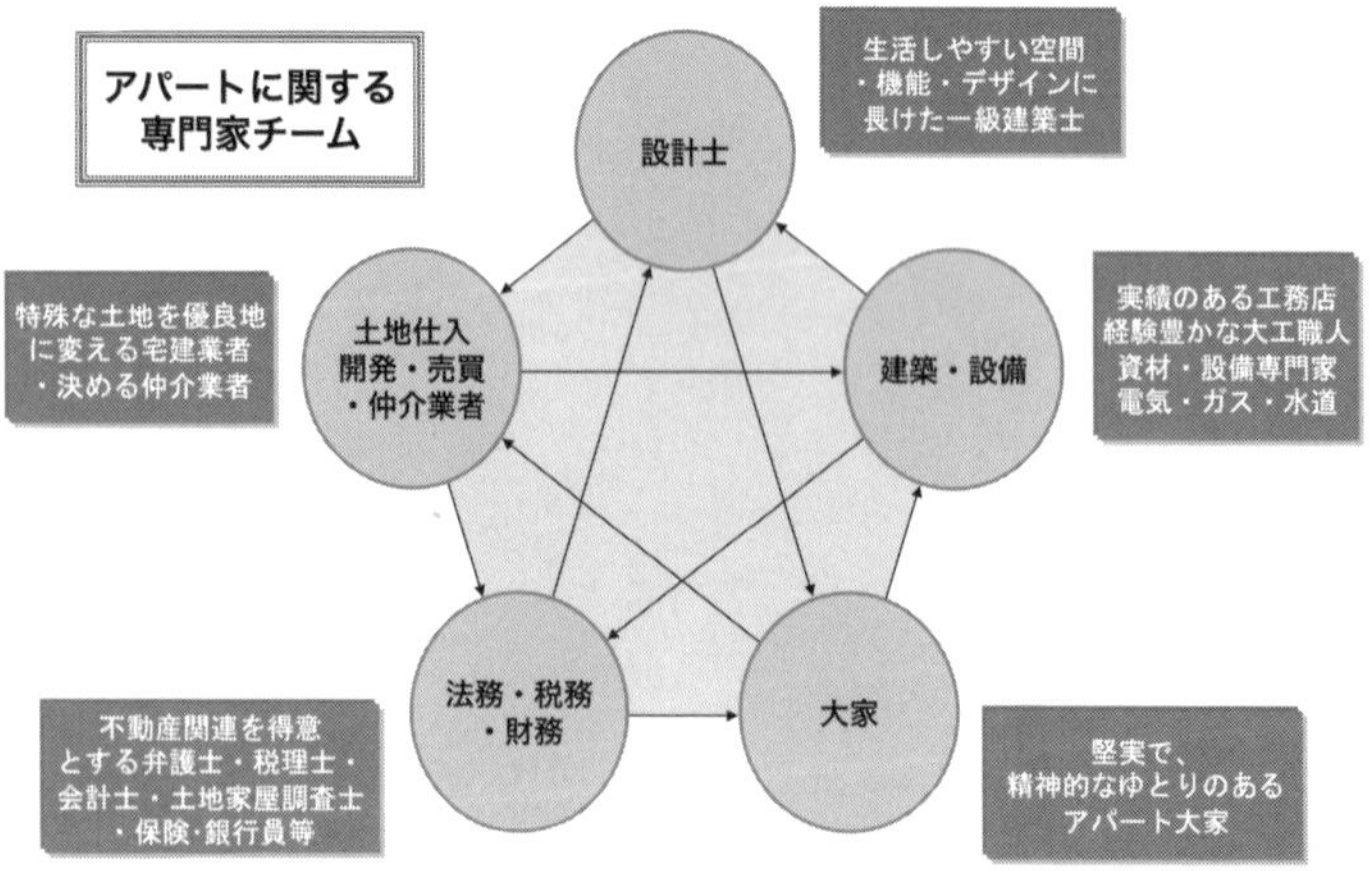

【スキルアップ・情報収集・勉強会】

何事を始めるにも、ちゃんとした知識が必要です。特にアパート経営では不動産のこと、税制のこと、融資（金融）のことなど幅広い知識が求められます。

ではどこから聞き始めれば、学び始めればいいのでしょうか。

私は、まず成功体験を聞くところから始めれば良いのでは、と思います。

まずは、志のあるサラリーマン（あなた）自身が元気になるところから。成功体験を聞き、自分自身にもできるという確信を持ちましょう。そして、その目標へ向けて活動を開始します。

その中では、きちんと入居者さんに良い空間、住居を提案して、入居者に満足をしてもらうことが最も大切。そこさえ忘れなければ、アパート経営は決して難しいものではありません。

これに共感してくれた方には、私は同じ大家として、アドバイスとサポートをします。失敗しないよう、知るため、理解のためには徹底的にお付き合いします。

注意していただきたいのは、自分で理解すること。

いくら経験豊富なアドバイザーがついたとしても、「私はオーナーだから」とお客さんになってしまっては、失敗の元。人に頼り切るのではなく、オーナー自身が理解していなくてはいけないことがたくさんあります。お客様思考では、考えることを止めてしまう傾向がありますので要注意です。

誰のためのアパート経営ですか？　最終的には、あなた自身のためですから。

●王道チームとは　～王道チームが目指すもの～

大家も入居者も幸せになれるアパート経営（満室経営）「アパート投資の王道」を目指しましょう！　賃貸住宅は大変厳しい競争の時代に突入しています。

すでに世帯数を上回る住宅ストックがありながら、貸家の新築着工数は増え続け、さらに今後急速に進む少子高齢化や人口減少など、マイナス要因を挙げればきりがありません。

これまでのように、アパート建築をハウスメーカーや建設会社に丸投げしていては、失敗する可能性が高くなると言わざるを得ません。もちろん、大家のエゴをむき出しにしたアパートを建築しても、入居者にそっぽを向かれてしまうことは明らかです。自分の利益や都合ばかり追求する大家さんには、明るいアパート経営の未来は無いと言っても過言ではありません。

これからの時代、不動産投資・賃貸住宅で成功するためには、大家自らが考え入居者に楽しい暮らしを提案できなければなりません。そのためには、立地や建物、企画にこだわりアパートに関係するいろいろな専門家と良い緊張感を持って付き合いながら、賃貸物件をプロデュース（企画）することがアパート経営のカギを握ります。当然、大家自身も頭を使い、汗をかかなければなりません。そうした、より能動的なアプローチによって完成したアパートこそが、経済的自由と精神的自由をもたらし、有益な財産として機能する安定した収益不動産となるのです。

これを提案するのが「アパート投資の王道」です。そしてそれを学ぶ場が「オンリーワン勉強会」であり、それを支える「王道チーム」です。「王道チーム」は、土地購入からアパート建築、満室経営まで、そしてその後もサポートしていきます。後悔のない不動産投資を一緒に目指しましょう。

現在の主な相談事例：目標設定・可能性の確認、土地探し、銀行融資、建築、アパート管理、リスク対策・心配事に対する考え方、保険、税務・法人化、リフォーム、不動産情報など。

不動産投資を支える経験豊富な専門家集団「王道チーム」が、勉強会の運営から企画・建築・満室経営まで全面的にサポートします。王道チームは有言実行、言行一致がモットーです。

「良いなと思う土地が出たときには、相談を」

☆「アパート投資の王道」http://www.odpt.net/

☆「オンリーワン勉強会」http://www.odpt.net/lesson.html

☆「サラリーマン大家サポーターズ」http://so-support.net

Email：info@so-support.net/

第6章

サラリーマン大家
実例&体験談

実例と体験談

●tさん　立川　自宅＋2賃貸

　tさんは、2年前に王道型賃貸併用住宅のサポートをさせていただいた方。建物の1階部分を自宅とし、2階部分を2住戸の賃貸としました。3・11の地震の影響については、「建物は無事で、トラブルは起きませんでした。地震保険に入っていましたが保険の適用はなく問題はありません」とのこと。

　また以前東京に上陸した台風の影響についても「影響はありませんでした」とのことでした。

　住んで実感したことで、入居者に紹介できるグッドポイントは？との問いには、「断熱性。冬、暖房を一度入れると部屋が

当時、2009年の地鎮祭の様子です。

その後の基礎工事（ベタ基礎＆配筋）の様子です。

ぴったり同じ長さでかつ、きっちりと整った配筋となっていることがわかります。

ずっと暖かく、夏、エアコンの効きも良い」という回答で、ペアガラスを使用した上、建物にも断熱材をきっちりと入れ、高気密住宅となっていることが実感できているようです。またこの点は、部屋探しをしている人がなかなか気がつかないことなので、空室時には仲介業者にきちんと伝えてもらうようお願いをしておくと良いですね。

賃貸併用では、住宅ローン控除が受けられることもまたメリット。この物件では家賃が返済額を大きく上回るとの事で、賃貸併用住宅のメリットを有効に活用している様子も伺えました。

今後は末永く安定運営をして、無事に返済を終えることをご期待します。

●iさん　世田谷　自宅＋1賃貸

こちらのオーナーさんは王道型賃貸併用住宅。世田谷の一等地の自宅、羨ましい限りです。しかも、その住宅のローンの返済負担が無いというのも、また羨ましい限りです。以前私が会社員だったとき、世田谷のある不動産屋さんに「土地を購入したいので相談をさせてください」と訪ね、即座に「住宅ローンが難しいよ、自己資金はどれくらい？大手企業でも部長さんクラスじゃないと世田谷の戸建ての購入は無理だよ」とコメントを受けた時の悔しさと比べてしまいました。

iさんご夫婦は、世田谷の自宅で優雅な時間を過ごしている様子。

近くには大通りがあるのにもかかわらず、室内が静かです。さらに冬には、朝方暖房を入れ、外出後帰宅したときに、暖房をつけっぱなしにしていたと勘違いしたこともあったとのこと。高気密住宅の性能がよく表れています。俗に木造住宅は寒いといわれますが、一概に木造だからと言ってはいけませんね。建物建築中、大工さんからも「この家は暖かい」と言われたそうです。

オーナーが住んでみて良いと思えるものを、入居者に貸し、入居者にも満足をしてもらえること。とてもよい循環だと思います。そしてこのご夫婦は次のアパート計画も検討しています。オーナーと入居者の関係だけでなく、オーナーのお財布の中でも良い循環があるようです。

●nさん　杉並　1棟4室アパート

nさんは、2年前に王道型の1棟4室アパートを取得した方です。現在も無事に満室中で、入居者も問題なく、苦労していないそうです。

この方の場合、新築時より4000円家賃アップ+バイク置き場代でさらに収益が上がったとのこと（驚きです）。現在の収支では金利が4%になっても、十分収益が出るそうです。管理は自主管理で、2ヶ月に一度現地を掃除しに行っているnさん、苦労らしい苦労と言えば除草が大変だそうです。

この方もまた、30代になったばかりで建物を取得しましたので、先がとても明るいと話してくれました。２年が経ち安定経営ができているので、２棟目を持つべく検討中とのこと。この年齢でこのペースで新築物件を継続したら、将来はすごいことになりそうです。ちなみに、この方も普通のサラリーマンです。

●pさん　世田谷　1棟9室アパート

少し前にお話しを伺ったpさんは、まさに大家さんの鑑、お手本。

この王道型アパートのオーナーさんは、年配の方。相続の対策のために不動産賃貸業を始められ、今回がはじめての物件管理でした。物件を新築し、無事に満室。このオーリーさんは体調に気を遣っている方でしたが、月に一度は物件の掃除をしているそうです。

運営当初は、新築物件にもかかわらず、郵便ポスト下にチラシが落ちていることが数回あり、エントランス付近にはタバコの吸殻、ごみが落ちていたとのこと。このオーナーさんは所有者であることを明かさずに、掃除人として、日曜日の昼間に掃除に行くことにしていました。

この方が意図的に行ったことがひとつあります。それは、挨拶。

入居者が通るたびに、必ず挨拶をし、ごみについては毎回きちんと掃除をしていました。

運営スタートから1年半ほど経った現在は「ごみが一つも落ちていない」とのこと。入居者が丁寧に物件を使ってくれているそうです。物件は、建物という無機物のようなものですが、そこで毎月、掃除をしている人がいること、その掃除もモップなどは使わずに雑巾手掛けで壁、扉、金属部、ガラスをきれいにしていたこと、その人が挨拶をすること、そのことを入居者に知ってもらうことで、入居者が大事に物件を扱うようになったのではないでしょうか。

単なる物件から気持ちが入っている建物に変わったのでしょうね。物件は大きなものですが、今ではごみは一つも落ちておらず、ごみ置き場の分別も問題がないそうです。

入居者に何かを言葉で伝えるのではなく、行動で示す。そう難しいことではない、日々の掃除を行うことからこのような変化が現れたのです。

この方、実は従業員を多く抱える会社の社長さん。毎月の現場掃除とそのときの挨拶は意図的に行っていたそうですが、入居者の行いがここまで良くなるとは思っていなかったとのこと。この方が会社経営で成功している理由までも聞くことができた気がしました。物件がきれいであること、誰にとっても気持ちが良いものですね。

ここまでお読みになってどのような感想を持たれましたか。

最後の本章では、あなたにもすぐに役立ち、サラリーマン大家になるため「今日からすべきこと、考えるべきこと」をご紹介しましょう。

読むだけに終わらせず、ぜひ実践を！

第７章

サラリーマン大家に
なるために、
今日からすべきこと・
考えるべきこと

良いと思ったことを行動に変えること

シンプルに考えます。余裕を増やすには、

入るお金よりも、出るお金を少なくする。

出るお金よりも、入るお金を増やす。

……本当は後者がベストですよね。気分的にも、とても元気になれそうな流れです。しかし、世の中そうはうまくいきません。もちろん、世の中にはたくさん働いて、または頭を使ってひねりだしたアイディアで大成功している人もいます。ですが、成功者は少数派で、大多数の人は失敗を経験しています。失敗をして、這い上がれないようなものでは、リスクが高すぎます。

そこで、まずは「入るお金よりも、出るお金を少なくする」これを経験することが最善でしょう。リスクを減らすことに重点を置くわけです。この「出ずるを制する」生活に我慢できなくなったときに、心の底から「何とかしなくてはいけない」と、言う声が聞こえてくるのではないでしょうか。これが自己資金作成、収益物件取得の第一歩です。

各種セミナーへの参加・勉強

アパート経営を順調に進めるためには、とにもかくにも勉強が大切です。

その一端として、各種セミナーや勉強会への積極的な参加が望ましいでしょう。見る、聞く、知る、そしてそれを自分なりに実行するというサイクルを作っていかなくてはいけません。

そもそも、年金対策と、今現在の「ゆとり所得」を同時に実現するのは結構大変です。ですから先駆者から学ぶことは有効です。それに「年金対策」と一口に言っても、現在の年齢は人それぞれですし、やり方によっても準備期間が異なります。

65歳まであと少しの人は、準備時間が少なく、リスクを感じやすい傾向があります。

65歳まであと数十年ある人は、余りにも先のことだと思い、ゆとりがありすぎて準備に取り掛かるタイミングを先に延ばしているかもしれません。

とはいえ、訳のわからないことに手を出してしまうわけにもいきませんし、それは危険です。

時間に余裕がある方もない方も、こんな風に考えてみてはいかがでしょう。

1年後に毎月の所得が1万円上がるとか、5万円上がるとか、そういうものを探してみては。それが見つかるかは皆さん次第ですが、あるところにはあります。どうすればよいかと言うと、やはり「勉強」です。

所得アップの答えは、資格かもしれませんし、不動産経営かもしれません。

答えは人それぞれです。

しかし共通して言えるのは、やらない人は現状維持（いや、下降線かも）しかできないということです。前向きに、着実に前進するには、その第一歩として勉強や情報収集が必要であることは間違いありません。

ちなみに、月1万円のアップは、サラリーマンであれば、年間昇給で月1万円アップするのと同様です。もっとも、今では1年で月給が1万円アップすることは珍しいかもしれません。もしそれが月5万円アップなら、昇給の5年前倒しです。夢のある話です。

しかも勉強は、時間と労力こそ必要ですが、あなたに大きな損失はありません。今月から、いえいえ、いますぐ始めるべきですね。

市場情報の収集

情報は「宝」を見つけるための大事な要素です。幸い今ではネット上でいくらでもデータを取得することができます。

市場情報の調査、収集は継続することで、効果が増します。土地情報で言えば、公示価格などは毎年発表されるものですし、数年間の変動を確認することが大切。さらに、税制も毎年といっていいほど改定されており、要チェックポイントです。

土地価格や税制以外にも、人口統計・人口推計・世帯統計（総務省）、都市開発計画（国交省・各自治体）、鉄道計画・道路計画、施設・ホール開発情報、大学移転、企業動向、土地価格（公示価格・路線価・課税評価額）、家賃相場、物価変動など貴重な情報がネット上にそろっています。

これらの情報調査はすべてコストをかけずにできますが、多くの人がやっていないのも事実。だからこそすぐに始めましょう。最低でもどのサイトに何の情報があるかを把握していておけば、いざびっくりするような良い土地が出てきたときにも、素早い判断が可能になります。

不動産経営は誰にでも可能性あり

より良い土地、より良い建物・物件に出会うチャンスは、探し方の工夫、人との出会いによって、可能性が高まります。不動産経営では、属性、生まれ、職業にかかわらず、ゼロからのスタートでもアパート大家さんとして成功している人たちがいます。

「年収が高いのに、自己資金が少額な人」と「年収が高くはないけれど、自己資金がある程度準備できている人」では、どちらがアパートを取得しやすいでしょう?

ここでは2つのポイントがあります。

私が今までサラリーマンさんをサポートしてきた経験から言うと「年収が高いのに自己資金がない場合」つまり、日常生活費用が収入に見合ってしまうということになり、生活費もまた高額だ、となります。今後も同じ生活を維持していくには費用がかかることが予想されますし、または資金が他の投資に回っていることもあります。

一方で、年収が少なくても資金を準備できていた人は、日頃から生活自体が安定していることが予想されます。何らかの形でお金があっても他のことに使わず、管理ができるということは、他の人にはないその方特有の能力です。加えて言えば、少ない費用で日頃の生活ができていることはアパート経営においてもすごく良いこと。

人それぞれ管理をする資金額は異なりますが、個人の全資産から、アパート経営に回す金額の比率をより多くできるということ。これは日々の積み重ねで可能になることです。「無駄使いをせずに、貯金に回せるお金の比率を上げる」このような見方ができると。今はただ年収が低い人が収益物件を取得できると、年収が高い人を一気に抜くチャンスがあります。

年収が高い人にはそれなりの世界があり、何かと出費がかさみます。今、生活に苦労している人は逆に、自分の中での貯金比率を多くすることができますから、やり易いというメリットもあります。

「複利の利益」を活用する

「複利」という言葉はご存じの方も多いでしょう。

元金に付く利子、その利子にも次の利子が付くという方式のことです。例を見てみましょう。

> 例1　1000万円を金利5％（年50万円の利益）で運用する場合、
> 単利では、10年後、1500万円。30年後、2500万円。
> 複利では、10年後、1629万円。30年後、4322万円。
>
> 例2　年50万円積立てかつ5％の単利では、30年後、6280万円。
> 年50万円積立てかつ5％の複利では、30年後、12693万円。（月約4万円の積立）
>
> ☆「単利のみ」と「積立（月4万円）＋複利を活用」では『5倍の差』

どうでしょうか。複利の効果は、時間によって得られるものとも考えられますので、今現在自己資金がなくても、まだ若い人にはこれからの時間を味方につけることができるのです。

また、アパート経営では最初の1棟目を実現するのが大変ですが、1棟目の利益を複利で回して…と考えていけば、どんどん加速度的に資金を増やしていくことが出来るようになります。

定期的収入の強み

資産形成の中でも、アパート経営には大きな「良いこと」があります。土地取得や建物建設に当たって融資を得、その額の大きさに心労こそありますが、アパート経営を始めなければ得られなかっただろう「メリット」も得られます。

その最たるものは「定期的な収入」です。

これは、立地と建物の差別化がきちんとされていることが前提ですが、家賃収入で毎月のローン返済をしてなお残る、毎月「数万円の利益」がとても大きいのです。

他の利殖手段と比べてみましょう。

(貯金編) 1億円貯金したとしても、金利1%では年100万円（単純計算）。月約9万円。これしか定期収入はありません。第一、1億貯められる人は別次元の人ですよね。

（株式編） これは私の経験ですが、株で毎月定期収入を得ることはできません。だいたい、株を買うタイミングと売るタイミングは不確定です。株も短期で運用するのではなく、長期で運用するものかと思います。株の定期収入というと配当金がありますが、これもせいぜい年に数回であり、毎月の収入ではないし、年利３％の配当がいいところです。

（中古アパートの家賃収入編） 中古アパートに関しても、年金対策になるとは思えない点があります。それは、売りに出る中古物件が築10年以降のものが多いこと。また10年前のアパートは丈夫に作られていないため、ローンを返済したころにはアパートを建替える時期になり、ローンなしの現金で購入したとしても、またお金が掛かります。末永い老後の備えにするには、心許ないと言うことですね。

と、消去法でみると、残ってくるのは、「丈夫な新築アパート」を経営すること。もちろん、新築でも安普請のアパートではダメです。これは融資をし、債務者（オーナー）と同様にリスクを負うことになる銀行側が考えていることでもあります。

ですから、最近は中古アパートには融資が出ず、新築物件に融資が出やすい傾向もあります。あなたがオーナー、「年金大家」として目指すものは「定年後の毎月の定期収入」です。ぜひその点から考えてみてください。

アパート経営で「成功を感じる」には何が必要か

成功、ということの基準は人それぞれでしょうが、一般にアパート経営で「成功を感じる」には何が必要でしょうか？　収支や利益もひとつの指標ではあります。

しかし、実際にアパート経営を決意し、実践してきた身として、私には「これだ」と思うことがあります。

それは、『入居者への想い』です。

私自身、高校卒業後に不安も抱えつつ、静岡から東京に出てきました。何とかもがきながらいまだに東京にいるのですが、この20年間住んでいた部屋・空間について、印象深いものはありません。

それに比べ、王道チームの設計士さん、大工さんの協力を得て、自分が建てたアパートでは、入居者からの喜びや感謝の声を聞くことができています。

中には、たまたま退去立会をした女性入居者が、壁やロフト階段を手ですりすりしながら、「とても気に入っていて退去したくない」「結婚で別のところに移るけれど、次は普通の部屋なの」そして「ありがとうございました」と言っていただいたことも。偶然が重なったのかもしれませんが、オーナーとしての充実感、達成感を感じられたときでした。このケースだけでなく、オーナーは人の住居を提供しているのですから、社会にとって必要な存在です。普通に、丁寧な対応をしていれば、アパート大家の価値がもっと認められるに違いありません。

アパートは生きているもののように、何が起こるかわかりません。トラブルが起きるかもしれませんが、その不安から逃げずにきちんと対応をしていきましょう。

仮に何か問題があっても「入居者への想い」があれば、乗り越えられるはず。

入居者は家賃を毎月支払ってくれる大事な存在です。こちらにも、感謝、感謝です。

地主になる

年金対策となる方法は数多くあり、それぞれにメリットとデメリットがあるため、どれが正しいかは人それぞれです。私が推奨しているからと言って、アパート経営以外がまるでダメというつもりはありません。

だからこそ、営業マンに言われるがままではなく、皆さん個人個人に適したものを考え、選べば良いのです。

さて、私の提唱する、一般の人でも持てる可能性がある、検討する労力をかけるに値する「１棟４室」アパート。さらに、アパート大家になることの最大のデメリットは、高額の資金が必要であり、融資・ローンを組む必要があり、そして、ローンの完済までは、さほど大きな収益を得られないことです。

しかし、ローン完済後は、スタートが新築ならばまだまだ建物は元気に働いてくれます。手抜きをせずしっかりとした建物を建てると、ローン完済後、数十年も維持できます。だからこそ20数年後に退職をしたときから、まだまだ収益を得られるのです。

もしもあなたが、今現在そこそこの年齢であるならば、会社からそれなりの退職金が出るかもしれないので、それを元に繰り上げ返済しても良いでしょうし、そうでなくても、黒字になる計画を維持できていればよいのです。その上でローン完済後も、差別化されていて、元気に働くアパートを持っている。加えて、ローンのない土地もある。

これは、大きいですね。これらの資産を元に次の融資を得て、さらに次の収益物件を取得することもできます。

そう、こうしてあなたも「地主さん」になることができるのです。チャレンジするだけの価値があるとは思いませんか?

次のビジネスを夢見て

アパート経営を経験した人には、次のビジネスに歩み出している方も多いようです。その理由は、ゆとりができたから。ある意味でアパート経営は退屈な部分もあります。そうしたことも理由でしょう。世の中にサラリーマンのアパート経営が広まってから、まだ20年ほどしか経っていません。早い頃から行動した人はすでに10年以上、アパート経営を継続しているわけです。そうした方が、次のステップとして別のビジネスをされていても驚きはありません。

また、世の中にもサラリーマンのアパート経営は少しずつ広まりつつあります。

ワンルームマンション経営は、比較的に手間が掛からず楽ですが、その分経費がかかりすぎて殆ど利益を得ることが出来ません。その意味でも、ちょうど良いのがアパート経営。

さらに、10年も続けていると金利負担が楽になり、さらに楽に続けることができるのです。元々、世間に先駆けてアパート経営に挑戦し成功した人たちは、簡単なアパート経営ではなく、新たなビジネスへの挑戦をはじめています。あなたも将来を見据えて、そんな楽しみ方をしてみませんか。

ローン返済額の一部は自分の資産

アパート経営には欠かせない「借り入れ（融資）」。ここでひとつ、返済も苦にならなくなるような話をしましょう。

（例）６０００万円の総費用の場合

・金利３％、借入期間30年、月家賃30万円（7・５万円／室×４）

・自己資金１０００万円では、借入金５０００万円、返済額21・１万円　とします。

※毎月の返済額21・１万円（年２５３万円）の内訳

・１年目　元本１０４万円（月平均　８・７万円）利息支払１４９万円

・５年目　元本１１８万円（月平均　９・８万円）利息支払１３５万円

・10年目　元本１３７万円（月平均11・４万円）利息支払１１６万円

ローン返済額の一部は「元本返済」に充てられています。元本返済は「貯蓄」「資産拡大」と同様。つまりローン返済額の一部は、「元金＝自分の資産」なのです。

繰り上げ返済を有効活用する

取得した物件をさらに良く変える・改善するコツは「繰り上げ返済」にあります。

例えば、アパート経営の利益から毎月５万円の積立てをし、２棟目へ向けた準備をすると考えてみてください。１棟目を立てたことに満足せず自己資金作りを継続すれば「繰り上げ返済」を活用して銀行に支払う利息を減らし、手元に残る現金を増やすことができます。先にご紹介した「複利の法則」を活用したものと同様の効果が得られるのです。

融資当初の厳しい審査をクリアしているということは、それだけで事業の安定性、可能性を銀行が評価してくれたとも言えますが、繰り上げ返済によってさらに返済リスクの低減を図ることができるのです。定期的な繰り上げ返済は、銀行側としてもあなたへの信用度を高める効果があるはずです。

ローン返済後はさらなる大きなチャンスも！

私たちは、長期安定経営のために建物のプラン（個性）やメンテナンス性のよい設備を選択しています。ここで問題にするのは、25年後の話です。ローンが返済し終わった後も、きちんとした建物・土地が残るとしたら、家賃が少し下がったとしても1部屋6万円の家賃だったとして4室24万円。どうですか？　年金対策としては、十分な毎月の資金だと思いませんか。何度も言うようですが、このあたりが中古アパートとの大きな違いです。25年後でも元気なアパートが残っていること、これが新築の良さです。

皆さんの身近にある戸建てを見てください。

築25年の木造戸建ての家は、まだまだ現役です（私の実家も築35年、まだまだ現役）。工夫を凝らして作った建物ですから、築50年、いや60年維持させたいものです。基礎と構造にこだわりがあり、今の分譲戸建てよりも仕様が良ければ、あとはメンテナンスの気遣いで十分可能。立て直し・解体のための予算や、入居者の退去苦労が要らないので、ますます良い収益物件となります。僅かしか食事をしない働き手（収入源）が家族に一人増えるのです。

さらに、一度土地を買い、1棟4室の新築アパートを建てた人が、ローンのない土地と建物を持つだけで満足し、単純に家賃だけを目的とはなかなかしません。なぜでしょうか。

そうです。この土地と、収益を生んでいる担保価値のある建物から、次の事業の融資をさらに引き出すチャンスもあるのです。

新築アパート経営は社会貢献

人が生きていくために必要な衣食住のうちの「住」。

アパートは「住」の提供に欠かせないものです。家を所有しないという選択をしている人はまだまだごまんといて、これからも極端に減るという予想はほとんどありません。

アパート経営は入居者に対して部屋を提供するということ。そこに人が住んでいることです。快適な住空間を提供しているのは、それだけでも立派な社会貢献です。

さらには、土地を守り、維持しているということも大きな要素。例えば私が取得したある土地は、その前数年間はずっと草むらとして放置されていたのだとか。その敷地にアパートを新築し、外壁も屋根もきれいになり、敷地内も舗装をすることによって、街の中の空間として見た目にも良く、周囲の環境を良くすることにもつながります。また経営を進める中で、昼間には定期的に掃除もしています。敷地内だけでなく、道路部分も掃除しています。また夜には電燈がともることで、その街の夜道も明るくなります。

こうして土地を「有効活用」しているのです。そして毎年の固定資産税も支払い、自治体のためにも貢献できているはずです。

アパート大家としては、銀行から融資を受けて事業を展開しているので、どうしても収支ばかりが気になるところですが、良い住空間を提供すること、イコール満室経営のためには欠かせない事ですので、入居者のため、地域のために役立つよう努力をすればいいのです。

アパート大家さんは地域にとって、縁の下の力持ち。アパート経営をしている大家さんたちは、もっと自信を持って良いと思います。目の前にあることを、できることを着実に実行していけば大丈夫です。

子、孫のために良い資産を残そう

お子さん、お孫さんのいる方には特にピンとくる話です。

私は本書では、あなたの年金対策に「1棟4室アパートと賃貸併用住宅が良い」と提示しています。しかし、私は、業者でも、営業マンでもないのです。あなたがご自身の将来、年金対策を検討すること、考えること、その「道」を提案しているだけです。

もうひとつ、本章の中で「地主になること」についてお話をしました。ローン完済後はあなたも「立派な地主になれる」と。ではここで思い浮かべてみてください。あなたが地主になると喜ぶのは誰でしょう?

そう、あなたのお子さん、お孫さんです。

土地を取得するには苦労がいります。ローンを組むには心配・恐怖があります。しかし、完済すると、とても良い収益を生む資産が残ります。

25年後、30年後にはローン完済。お子さん、お孫さんは、ローンとの戦いという苦労なしに、資産を持てます。

しかしながら、この「苦労」は一代目しか経験できないもの。苦労をする面白さ、楽しさを感じられるのは一代目だけ。さらに、次の世代が失敗しないようにするにはノウハウをしっかりと引き継ぐことも大事です。

この「引継ぎ」は大事なポイントです。

誰しも、負の遺産は、残したくないものです。

もしもオーナー本人に万が一のことがあっても、家族の生活に対しての保険があります。それが、団体信用生命保険でした。融資金額についての保険であり、いざというときにも、オーナーの家族は、融資の返済をしなくて良くなり、ローンを差し引く前の家賃が家族の生活の収入源となることもあります。目の前にある不安対策を解消するためにとして、有効でしょう。

あなたも、アパート経営を通じて子孫に「良い資産」を遺しませんか。

ハッピーな話をしよう！

一度しかない人生。『目標を高く持ちましょう。』

そしてやれば「出来る」ということを念じてください。

「経営者になる」なれます、なれますよ。普通のサラリーマンだった私にもできたのですから。

「1棟4室アパート」のオーナーだって、小さいながらも、立派な経営者です。しっかり、経営者＝個人事業主として、国に認められるのです。もっともこれは別の意味で、しっかりと個人事業主として課税されるようになります。

しかし、税金を取られることはデメリットではありません。そもそも国民の義務ですし、社会貢献でもあります。しっかりと、利益が上がっているからこそ、課税されるのです。良い経営者は次々と大きな利益を上げ、資産や収入を拡大しています。これこそ、目指せばできること！

あなたも本書を参考に、ぜひとも明るい未来を目指してがんばってみてください。

☆将来のイメージ

豊かになっている
安定している
心配をしていない
余暇を楽しんでいる
自立している
充実している
生き生きとしている
失敗せずに！

…ぜひ、皆さんも成功を収めてください！

大長 伸吉（だいちょう　のぶよし）

「サラリーマン大家サポーターズ」代表。「アパート投資の王道」チームメンバー。サラリーマン大家を実践したい人向けに「オンリーワン勉強会」を開催。自身、サラリーマン時代から大家業を始め、4棟21室所有。宅地建物取引主任者、AFP、貸金業務取扱主任者。現在、累積セミナー受講者数1575人、相談会数1587回。ノウハウ開示だけでなく、土地取得から満室経営までトータルサポートを行う。建築サポート28棟131室。著書：『サラリーマン大家の「クズ土地」アパート経営術』（日本実業出版社）

アパート投資の王道HP：http://www.odpt.net
サラリーマン大家サポーターズHP：http://www.so-support.net
連絡先：info@so-support.net

あなたにもできる！ サラリーマン大家入門
王道アパート経営で「マイ年金」づくり

2012年6月9日〔初版第1刷発行〕

著　者　大長 伸吉
発行人　佐々木紀行
発行所　株式会社カナリア書房
〒141-0031 東京都品川区西五反田6-2-7 ウエストサイド五反田ビル3F
TEL 03-5436-9701　FAX 03-3491-9699
http://www.canaria-book.com

印刷所　株式会社シナノパブリッシングプレス
装　丁　田辺智子
D T P　ユニカイエ

ISBN978-4-7782-0224-8 C0034
定価はカバーに表示してあります。乱丁・落丁本がございましたらお取り替えいたします。カナリア書房あてにお送りください。